汉语国际推广多语种大连基地规划项目
编委会成员名单

国家汉办汉语国际推广基地规划项目

GO FOR CHINESE
Elementary Level

3

目标汉语 基础篇

刘川平 主编　　郑桂芬 杨 洁 编著

北京大学出版社
PEKING UNIVERSITY PRESS

图书在版编目(CIP)数据

目标汉语. 基础篇. 3 / 刘川平主编. –北京：北京大学出版社, 2010.6
ISBN 978-7-301-17321-3

Ⅰ. 目… Ⅱ. 刘… Ⅲ. 汉语–对外汉语教学–教材 Ⅳ. H195.4

中国版本图书馆 CIP 数据核字 (2010) 第 102493 号

书　　名：目标汉语　基础篇 3
著作责任者：刘川平　主编　　郑桂芬　杨　洁　编著
责 任 编 辑：孙　娴（suzannex@126.com）
标 准 书 号：ISBN 978-7-301-17321-3/H·2517
出 版 发 行：北京大学出版社
地　　址：北京市海淀区成府路 205 号　100871
网　　址：http://www.pup.cn
电　　话：邮购部 62752015　发行部 62750672　编辑部 62754144
出版部 62754962
印 刷 者：北京鑫海金澳胶印有限公司
经 销 者：新华书店
787 毫米 × 1092 毫米　16 开本　14.5 印张　238 千字
2010 年 6 月第 1 版　2010 年 6 月第 1 次印刷
印　　数：0001–3000 册
定　　价：54.00 元（含 MP3 盘 1 张）

前言

这是一套供零起点和学过一些汉语的外国学生使用的基础阶段综合课教材，既适合长期进修相对强化教学模式的要求，也可用于一般长期进修教学、短期培训教学和自学。本书的编写原则是：以话题为引导，词汇为重点，语法为骨架，功能为辅助，文化为蕴含，练习为主体，迅速提高交际能力为终极目标。

一、主要特点

1. 可靠的科学性。本书适用的基础阶段，包括一般所说的初级阶段和中级阶段的上半期。语法项目主要依据《高等学校外国留学生汉语教学大纲——长期进修》(下称《教学大纲》)，涵盖初级主要语法项目和部分中级语法项目，作为教材的结构框架。词汇主要依据《汉语水平词汇与汉字等级大纲》，包括甲、乙级词的绝大部分，丙级词的一部分以及少量丁级词，同时吸纳了一批反映社会和语言发展，使用频率较高的新词语。此外，从《教学大纲》的功能项目中选取了与基础阶段相适应的内容。

2. 相对的强化性。长期进修是一种"准常规语言教学"，它既追求语言知识的相对系统性，又兼顾语言技能的全面性和熟练程度。为此，本书努力体现该教学"输入大于输出"和大运动量的相对强化教学的特点。一是确保足够的输入量，表现在课文形式和字数，词汇、功能项目、句式及文化因素的数量等各个方面；二是确保足够的训练强度，表现在课文，特别是练习中的教学手段多样化、交际化和有效练习的大密度编排。

3. 编排的层级性。本书由低到高分为八个层级，各层级间既相互区别又紧密关联。形式上由简单到复杂：课文由简短对话到长句，再到短文；课文长度由 100 字增至 700 字以上；词汇量由第一层级的 345 词增至第八层级的 653 词。内容上循序渐进：前四个层级以校园学习和生活为主，后四个层级逐渐过渡到以社会生活为主；相关话题的表达和词语难度在不同层级也呈循环叠加、螺旋上升式分布。

4. 充分的交际性。作为教学的基本依据，助推课堂教学过程交际化是本书的着力点之一。表现在：话题选择尽量做到贴近现实生活和学习者的关注点；对话贯穿课文始终；每课提出若干具有交际性的常用句型；练习中既有功能和多技能训练的内容，也有各种限定范围和模拟情境的操练，尤其是专门安排了交际任务，以利“用中学”和交际能力的培养。

5. 全面的实用性。实用性是本书的根本出发点和落脚点。对学习者，通过有限的学习时间能够掌握基础阶段和部分中级阶段的语言要素、功能项目和语用条件，满足他们尽快提高交际能力的迫切愿望；对教师，本书多视角的话题、丰富的内容、简洁的语法说明、多样而大量的练习项目，都为教学准备和课堂组织提供了便利。此外，多层级设计增强了适应性，不同汉语基础和学习时间的使用者可以各取所需。

二、结构设计

1. 全书按八个层级分为 8 册，每册 10 课，共 80 课。此外，基于对零起点学生集中进行语音训练的必要性，第一册专门设有“汉语拼音基础”课程。

2. 每课包括课文、常用句、生词语、语言点（含基本句和重要词语用法）注释、操练与交际等。每册安排一套全覆盖的自测题。

3. “操练与交际”在全书所占比重最大。包括语言要素、语言技能、交际功能三大类练习。具体项目各册既有共性，又具个性特点。各册共有的如：

(1) 语言要素练习：语音部分的辨音辨调、熟读短语、朗读句子。词语部分的生词填空、组成短语、连线、选词填空等。句法部分的模仿性句型操练，如重复、替换；理解性的完成句子、连词成句、改写句子、改错等。

(2) 技能训练：完成对话、回答问题、模仿、阅读、写作等。

(3) 交际功能：功能对话、自由表达、完成交际任务（包括“准任务”和“真任务”）。

此外，根据学习进度，各册分别安排了若干不同的练习，共计 30 余种。

4. 每册起首列出该册课文的主要人物，大多数人物贯穿 8 册始终。每册末尾附有生词及专名索引。

5. 第 1、2 册课文配有汉语拼音对照。第 1 册标注于汉字下，第 2 册列于课文后。

6. 翻译：为便于学习，正文的“汉语拼音基础”、语言点、生词，以及前四册练习项目均配有英文翻译；此外，生词总表配有日、韩、俄文对译。

三、教学目标

本书名为《目标汉语》，意在提示使用者：只有始终明确自己的目标并为之而努力，才能取得成功。

1. 总体目标。通过本书的教学，使学习者学习 4000 余个词语、《教学大纲》初级和部分中级语法项目、相应的功能项目和文化知识，完成若干交际任务。听、说、读、写技能全面达到《教学大纲》中等阶段前半段的目标要求，综合运用汉语的能力得到迅速提升。

2. 层级目标。每册具体教学目标如下表：

项目 册	生词语	语言点	功能点	交际任务
1	345	41	21	15
2	384	39	11	13
3	447	41	23	16
4	471	31	29	12
5	530	53	17	11
6	538	38	22	10
7	642	58	23	12
8	653	49	41	11

四、使用建议

1. 教学进度。本书作为综合课教材，用于长期进修相对强化教学模式的教学时间为 1 学年，每学期学习 4 册。为确保教学效率，建议第一学期教学时间每周 16 课时，第二学期每周不少于 14 课时。其余课时可配以相应的听力、口语教学。

用于一般的长期进修教学，教学时间可适当延长（例如3个学期）；用于短期培训和自学，宜根据不同需要选择教材的一部或全部，教学时间亦可灵活安排。

2. 生词和语言点。本书生词分布在课文和练习（主要是阅读练习）中，其词义、词性基本上按照课中的语境确定；语言点及其注释一般也与当课的用法相一致。多词性、词义的生词和多用法的语言点，其未出部分一般留待后面出现时再列。这就要求词汇和语言点的教学分步、循序进行，而不宜毕其功于一课。

3. 功能与交际。常用句和功能会话提供了功能与结构相结合的素材，教学中应当予以重视。完成交际任务是本书的一个特点，在试用过程中，很受学生欢迎。需要注意的是，为适应任务教学法，教师的指导作用应主要体现在布置任务、提示方法和完成任务之后的检查、总结之中。

4. 教材的处理。本书旨在为教学提供一个结构特点鲜明、内容丰富多样、便于操作的平台，但不提倡刚性照搬，相反，允许针对不同教学模式和教学对象对其加以调整或补充。

五、几点说明

1. 本书是基于我们多年开展长期进修相对强化教学的探索和体验，吸取前贤的丰厚成果，积5年努力和集体智慧编写完成的。本书也是国家汉办科研规划项目和汉语国际推广多语种大连基地教材规划项目的成果之一。

2. 本书编写分工：

主编：刘川平，主持长期进修相对强化教学的理论研究与教学实践；在此基础上提出教材总体构思并制定编写大纲；组织教材的编写、试用并统改全部书稿。

编者：第1册：王松岩、刘川平。

第2册：王松岩。

第3册：郑桂芬、杨洁。

第4册：杨洁、郑桂芬。

第5、6册：王端。

第7、8册：陈子骄。

英文翻译：隋荣谊。

其他翻译：郝卓(日文)、胡倩(韩文)、赵辉(俄文)。

3. 在本书编写、试用和出版过程中，得到专家、同行的指导和北京大学出版社的鼎力支持。资料信息选自方方面面，虽尽最大努力与原作者取得联系，限于各种原因仍有部分未能如愿。在此对以上各方一并谨致谢忱！

一部教材是否合用，有赖于实践检验。热诚期待来自使用者和业内人士的批评和意见。

主　编：刘川平

PREFACE

This book series is a foundational comprehensive Chinese textbook for international students, beginners or those who have learned some Chinese. It is fit not only for the requirements of the long-term refresher study or the teaching mode of relative reinforcement training, but also for the general long-term refresher teaching program, short-term training program and self-study. The principle of compiling this book series is to improve the learners' communicative ability rapidly as the final target. Therefore, we apply the following means when compiling the book: Taking topics as guidance; vocabulary as focal point; grammar as the frame, function as supplementation; culture as inside information; practice as principal part.

1. Major Features

1.1 Reliable scientific approach. This basic Chinese textbook includes the elementary and the first half of intermediate level. Based on *Syllabus for Chinese Courses for International Students at Chinese Colleges and Universities —Long-term Refresher Course* (hereafter referred to as *Syllabus*), this book series mainly covers grammar items of the elementary and part of the intermediate levels with which we frame this book. Based on *Chinese Language Proficiency Standard and the Character Entries and Graded Character List*, the book series covers most vocabularies of Level A and B, and part of Level C, as well as a small amount of Level D. We also collect a number of highly used new words which reflect social and language development. In addition, we also select functional items suitable for the elementary level from *Syllabus*.

1.2 Relative intensiveness. Long-term refresher course is a "quasi-conventional language teaching", which pursues both the relative systemic language knowledge and comprehensive skills and proficiency in using language. Therefore, the methodical approach we adhere is "larger input than output," and the characteristic of this book serise is large amount of exercise of relatively intensive teaching. First, to ensure adequate input, this is displayed in the form of texts and the amount of words, the vocabulary, the functional items, sentence structure and cultural factors, and the like in other aspects. Secondly, to ensure adequate intensive training, this is displayed in the texts, and in the exercises in particular, in which we apply diverse means of teaching, and effective communication and a large amount of exercises.

1.3 The hierarchy of compiling this book series. The book series is divided into eight levels from low to high. They are different from each other but closely related. As to the form, we adhere to the principle of from simple to complex: the texts are composed of brief conversations, long sentences and then short passages; the length of the text from 100 words to 700 words or more; vocabulary from the first level of 345 words to the eighth level of 653. The degrees of difficulty of the content develop gradually: the former four levels are based on life and study on campus, and the latter four levels develop gradually to social life mainly; the degrees of difficulty of the related topics, and words and the expressions develop in a cycle, recurring and spiral distribution.

1.4 Fully communicative. As the fundamental basis for teaching, boosting communicative process in class is one of the focuses of this book series, which displays as follows: topics selected are close to day-to-day life and to the learners' interest as much as possible; dialogues run through texts; in each lesson we have a number of common communicative patterns; in exercises, we arrange both functional and multi-skills training, and the practice with limited scope and under simulated conditions, especially special communication tasks in order to help develop interpersonal ability and be benefit from "learning from practice".

1.5 Comprehensive practicality. Practicability is the fundamental starting point and end point of this book series. Within limited learning time, the learners have to master those language elements at the basic stage and some at the intermediate stage: functional items and pragmatic conditions as soon as possible to meet their urgent desire for communicative competence; wide range of topics, content rich in meaning, simple explanations to the grammatical structures, varied exercises facilitate teachers in preparing their lesson and teaching in classroom. In addition, the multi-level design enhanced the applicability, and the users at different level and for a long or short time spent may learn what they want.

2. Structural Design

2.1 The book series is divided into eight volumes according to eight levels. In each volume there are 10 lessons, and 80 lessons altogether in the book. Besides, based on the need for focusing pronunciation training to the beginners, we arrange Basic Chinese *Pinyin* in Volume One as an independent section.

2.2 Each lesson consists of text, sentences in common use, new words and expressions, notes to the language points (including basic sentence patterns and usage of important words and phrases), exercise and communication. And there is an Evaluation Paper, which covers what have been learned in each volume.

2.3 "Practice and Communication" occupy the largest proportion of the book series. They include three aspects: language elements, language skills, and communication. There exist common features and specific characteristics among each volume of the book, such as:

A. Language elements practice: in the section of pronunciation, distinguish the sounds, read aloud the phrases, and read aloud the sentences; in the section of words and expressions, fill in the blanks with new words; make up phrases, linking, choosing the words to fill in the blanks; in syntax structure, imitation practice like repetition and substitution; in understanding, complete sentences, make sentences by linking the words or phrases, rewrite sentences, and correct mistakes and etc..

B. Skills training: complete dialogues, answer questions, imitate, reading, and writing and etc.

C. Communication: functional communications; free talk, fulfill tasks (including the "quasi-tasks" and "real tasks").

In addition, according to the learning schedule, we also compile more than 30 exercises of different kind distributed in each volume.

2.4 The main characters appeared in the texts are listed at the front of each of volume. Most of them run through the book from Volume One to Volume Eight. Vocabulary (Index of New Words and Proper Nouns) is attached to the end of each volume.

2.5 In Volume One and Two, the texts are dubbed with Chinese *Pinyin*, Volume One under each character, and Volume Two at the end of each text.

2.6 Translation: for the convenience of study, the part of Basic Chinese *Pinyin*, language points, notes, new words and the exercises in the former four volumes are matched with English. Besides, the vocabulary at the back is matched with Japanese, Korean and Russian.

3. Teaching Objectives

The name of this book series is Go For Chinese, which means learners must keep it in mind that only by knowing what objective you want to gain throughout and working hard at it, can you successfully obtain it.

3.1 The global objective. Teaching by way of using this textbook series, learners will learn 4000 new words and expressions, grammar items of elementary and part of intermediate level in *Syllabus*, related functional items and cultural knowledge, and can fulfill some communicative tasks. Learners are expected to achieve the first half goal of intermediate level in the skills of listening, speaking, reading, and writing required in *Syllabus*. The comprehensive ability of using the language will be elevated promptly and greatly.

3.2 Objectives at each level. The objectives of each volume are as follows in the Chart:

Volume \ Items	New Words and Expressions	Language Points	Functional Items	Communicative Tasks
1	345	41	21	15
2	384	39	11	13
3	447	41	23	16
4	471	31	29	12
5	530	53	17	11
6	538	38	22	10
7	642	58	23	12
8	653	49	41	11

4. Tips for User

4.1 The schedule of teaching. As a comprehensive textbook, we suggest that this book series be used for a whole academic year for the long-term refresher study or the teaching mode of relative reinforcement training, each academic term 4 volumes. In order to ensure the efficiency of teaching, 16 hours of teaching per week is proposed for the first term, and no less than 14 hours per week for the second term. Teaching of listening and speaking covers the rest of the academic teaching hours.

For the general long-term refresher teaching program, the time of teaching can be prolonged (three terms for example); for short-term training program and self-study, the whole or part of the textbook can be selected accordingly, and the time of teaching can be flexibly arranged.

4.2 New words and language points. The new words are arranged in the texts and exercises (mainly in reading comprehension). The meaning and the parts of speech of the new words are basically in accordance with the context of situation in the text; the explanations to the language points and notes to the text are based on the usages in the text. As to the other usages or meanings of the new words will be explained when they are used in that context of situation. Thus it requires new words and language points be listed and illustrated step-by-step in a progressive way, and should not be complete at one time.

4.3 Function and communication. Useful sentences and functional communication provide us comprehensive teaching materials with function and structure combined and should be focused on in teaching. Communication task is a feature of the book, which, in the trial process, has been popularly complimented by the students. It should be noted that in order to meet task-based teaching methods, the guiding role of teachers' should be laying out tasks, prompt them, check after the completion of the task and summarize how well they have done.

4.4 How to use the textbook. The book series aims to provide a platform for teaching with features of clear structures, rich and varied content, and easy to operate. We strongly oppose the way of rigid copy. We advocate the revision, adjustment or supplement be made to it according to different teaching modes and different levels of students.

5. Some Explanatory Notes

5.1 Based on our years of probing into the long-term refresher study and relatively intensive teaching experience, we have assimilate the rich achievements of those profound scholars and compiled this book with five years of hard working and boiled wisdom of all faculties. This is also an outcome of the scientific research project of the OCLCI, and one of the projects of the Teaching Material Planning of the Dalian Multi-lingual Base of Chinese Language Council International.

5.2 The division of compiling this book series:

Compiler-in-Chief: Chuanping Liu, is in charge of probing into the long-term refresher study and relatively intensive teaching both theoretically and practically, based on which he put forward the overall idea and listed an outline for compiling the book; and in charge of compiling, trial and correcting and improving all manuscripts.

Compilers: Volume I: Songyan Wang; Chuanping Liu

Volume II: Songyan Wang

Volume III: Guifen Zheng; Jie Yang

Volume IV: Jie Yang; Guifen Zheng

Volume V and VI: Duan Wang

Volume VII and VIII: Zijiao Chen

English Translator: Rongyi Sui

Other Translator: Zhuo Hao (Japanese); Qian Hu (Korean); Hui Zhao (Russian)

5.3 We hereby would like to express our sincere thanks to those experts and peers who have given us suggestions while compiling, trying and publishing the book, to Peking University Press who has given us great support in publishing this book, and also to those whose materials or data we have consulted or selected. Though we have tried our best to get in touch with all the original authors, limited to a varied of reasons, some we failed to.

If a textbook is applicable, it has to be tested through practice. We earnestly invite the users of this book series and those who are specialized in this field to put forward their criticism and suggestions.

Chief Compiler: Chuanping Liu

本册主要人物

Main Characters in the Texts of This Book

大　卫　男，22岁，意大利留学生，来自意大利某大学的中文系三年级，热情开朗，喜欢运动。

David, male, 22, an Italian junior student, from the Chinese Department of an Italian university, a very pleasant and sociable person, is fond of sports.

木村健正　男，28岁，日本某公司职员，刚来中国学习汉语。

Kimura kensho, male, 28, a clerk from a Japanese company, has just come to study Chinese in a Chinese university.

安志永　男，23岁，韩国留学生，在中国某大学学习汉语。

An Ji Young, male, 23, a Korean student, has come to China to study Chinese in a Chinese university.

高桥朋子　女，21岁，日本留学生，来自日本某大学历史系。

Takahashi Tomoko, female, 21, a Japanese student, is from the Department of History of a Japanese university.

爱　米　女，20岁，美国留学生，来自美国某大学艺术系，性格活泼。

Amy, female, 20, an American student, from a Department of Art of an American university, is a girl of pleasant personality.

玛丽亚　女，20岁，俄罗斯留学生，来自俄罗斯某大学美术系，喜爱中国书法绘画。

Mary, female, 20, a Russia~student, from a Department of Art of an Russian university, likes Chinese painting and calligraphy.

金美英　女，20岁，韩国留学生，随父母来中国，在中国某大学学习汉语。

Kim Mi Young, female, 20, a Korean student, has come to China with her parents and is now studying Chinese in a university in China.

山本信一　男，27岁，日本留学生，来自日本某大学，东亚经济专业硕士二年级。

Yamamoto Shinichi, male, 27,a Japanese student, diligent and industrious, from a Japanese university, majors East Asian Economics in his second year of Master Degree.

田中正龙　男，32岁，日本某公司职员，在中国短期进修汉语。

Tanaka Shyoryu, male, 32, Japanese student, a clerk of a Japanese company, is now in China for a short–term further studying Chinese.

李小兰　女，22岁，中国某大学英语专业学生，张云和李书文的女儿。

Li Xiaolan, female, 22, a student of English major of a Chinese university, is Zhang Yun and Li Shuwen's daughter.

张　云　女，48 岁，中国某大学汉语学院汉语教师。李小兰的妈妈，李书文的妻子。

Zhang Yun, female, 48, is a Chinese teacher in a university of China, Li Xiaolan's mother and Li Shuwen's wife.

李书文　男，48 岁，中国某医院大夫，李小兰的父亲，张云的丈夫。

Li Shuwen, male, 48, a doctor in a hospital, is Zhang Yun's husband, and Li Xiaolan's father.

目录

CONTENTS

我们又见面了

We have met again

第1课
Lesson 1

一 课文 Text

(一) 在宿舍楼门口

大　卫：你好！

木　村：你是……

大　卫：我是大卫呀！你忘了？前年春天我陪哥哥去日本出差，是你接待我们的！

木　村：真的是你?！你在这里学习汉语吗?

大　卫：对，我是今年三月来中国的。你呢？

木　村：我是昨天刚从东京到这里的，公司派我来中国进修汉语。

大　卫：太好了！以后咱们可以一起用汉语聊天儿了。

木　村：对呀，（不好意思地）可是我的汉语不如你流利，以后还要请你多多关照哇。

大　卫：你手续都办完了吗？在哪个班学习？

木　村：还没有。我只会说几句汉语，不知道去哪个班好。

大　卫：我建议你先参加分班考试，然后再决定。

木　村：好的。我再去问问老师。

大　卫：我正要去教学楼，咱们一起走吧。

木　村：好。

（二）在教学楼大厅

（课间）

大　卫：木村，在这个班学习怎么样？

木　村：很好。同学们都非常努力，老师也很热情，我对这个班很满意。

大　卫：那就好。哎，山本，你来中国，你的女朋友怎么办哪？她研究生毕业了吗？

木　村：毕业了。毕业以后我们就结婚了，她现在是我太太了。

大　卫：是吗？恭喜恭喜！那你在中国待多长时间呢？

木　村：一年左右吧。大卫，你哥哥呢？还在原来的公司吗？

大　卫：他呀，跟你一样，公司派他来中国了。不过，他是来工作的。

木　村：世界真小哇！

大　卫：他要是知道你也在中国，一定特别高兴！

二　常用句　Useful sentences

1. 是你接待我们的！
2. 我是今年三月来中国的。
3. 我是昨天刚从东京到这里的。
4. 咱们可以一起用汉语聊天儿了。
5. 以后还要请你多多关照啊。

三 生 词 New words

1. 前年	qiánnián	（名）	the year before last
2. 出差	chū chāi		be on a business or official trip
3. 接待	jiēdài	（动）	receive; admit (guests); treat
4. 这里	zhèli	（代）	here
5. 公司	gōngsī	（名）	company
6. 派	pài	（动）	dispatch
7. 进修	jìnxiū	（动）	engage in advanced studies
8. 咱们	zánmen	（代）	we (including both the speaker and the person or persons spoken to)
9. 不如	bùrú	（动、连）	not equal to; not as good as
10. 流利	liúlì	（形）	fluent
11. 关照	guānzhào	（动）	look after
12. 手续	shǒuxù	（名）	formalities
13. 句	jù	（量）	measure word (sentence or line)
14. 建议	jiànyì	（动、名）	suggest; suggestion
15. 分	fēn	（动）	divide; separate
16. 考试	kǎoshì	（动、名）	examine; examination, test
17. 决定	juédìng	（动、名）	decide; decision
18. 厅	tīng	（名）	hall
19. 课间	kèjiān	（名）	break
20. 对	duì	（介）	for; to

21. 满意	mǎnyì	（形）	satisfied
22. 女朋友	nǚ péngyou		girlfriend
23. 毕业	bì yè		graduate
24. 结婚	jié hūn		marry; get married
25. 太太	tàitai	（名）	wife
26. 恭喜	gōngxǐ	（动）	congratulate
27. 待	dāi	（动）	stay
28. 原来	yuánlái	（形）	original
29. 不过	búguò	（连）	but; however
30. 世界	shìjiè	（名）	world
31. 留学	liú xué		study abroad
32. 录音	lùyīn	（名）	record sound
33. 新闻	xīnwén	（名）	news
34. 连忙	liánmáng	（副）	promptly
35. 愉快	yúkuài	（形）	happy; pleasant
36. 起	qǐ	（动）	rise
37. 洗澡	xǐ zǎo		have a bath
38. 太极拳	tàijíquán	（名）	taichi
39. 一下	yíxià	（数量）	one time

专 名 Proper nouns

1. 木村	Mùcūn	name of a person
2. 东京	Dōngjīng	Tokyo
3. 法国	Fǎguó	France

四 语言点 Language points

(一) 基本句 Basic sentence patterns

1. "是……的"句（1） The structure of "是……的"（1）

有时"是……的"中间是包含动词的短语。这种句式用来强调说明与已经发生（完成）的动作有关的时间、地点、方式、行为发出者等。在肯定句中，"是"可以省略；在否定句中，"是"不能省略。例如：

Sometimes a verb phrase is used between "是" and "的". This structure is used to emphasize the time, place, manner, or actor related to the perfect action. 是 can be omitted in the positive sentences but not in the negative ones. For example:

(1) 我是今年三月来中国的。

(2) 老师是用中文介绍的。

(3)（是）小王告诉我的。

如果"是……的"中间的动词有宾语，名词宾语常放在"的"后边，而代词宾语或者动宾短语后带有趋向补语时，要放在"的"前面。例如：

If there is an object of a verb in the phrase of "是……的", the object of a noun is often placed after "的", and if there is a complement of direction after the object of a pronoun or the object phrase of a verb, "的" is often placed at the end of the sentence. For example:

(4) 早上我是在家吃的饭。

(5) 他是下午到这儿来的。

▲ 否定形式：不是……的　　The negative form is "不是……的".

(6) 我不是坐公共汽车来的，是坐出租汽车来的。

2. 比较句（2） Comparative sentences（2）

A + 不如 + B + 比较的内容，这是否定意义的比较句，比较的内容一般具有好的、积极的意义。例如：

A + 不如 + B + comparative things is a structure of negative comparative sentence within which the comparative things bears good and positive meaning. For example:

（1）我不如他努力。

（2）骑自行车不如坐出租汽车快。

（✕ 坐出租汽车不如骑自行车慢。）

在比较的内容很清楚时，可以省略。例如：

When the things compared are clear enough, they can be omitted. For example:

（3）她的发音不如爱米。

▲ 这种比较句也是“比”字句的一种否定形式。例如：

This kind of comparative sentence is also a negative form of 比 -sentence. For example:

（4）她比我聪明。

我不如她聪明。

我没有她聪明。

（二）词语用法 Usages of words and phrases

1. 咱们

人称代词。包括说话人和听话人双方。例如：

“咱们”, a personal pronoun, refers to both the speaker and the listener. For example:

（1）咱们去海边游泳吧。

而“我们”既可以指说话人和听话人双方，也可以只指说话人一方。例如：

“我们” can refer to both the speaker and listener or the speaker only. For example:

(2) 我们一起走吧。(包括说话人和听话人)

(3) 你们吃饺子，我们吃米饭。(不包括听话人)

2. 句

名量词。用于“话”、“诗”、“歌词”等。例如：

句 is a measure word which is used before the word of a sentence, a poem or a song. For example:

一句话　两句诗　三句歌词

刚来中国的时候，我只会说几句汉语。

3. 毕业、结婚

离合词。有时作为一个词使用，有时作为动宾短语使用。重叠形式是“AAB”，如：“洗洗澡”、“散散步”、“见见面”等。例如：

“毕业” and “结婚” are words of separation and reunion. Sometime they are used as one word, and sometimes they are used as a verb-object phrase. The reduplication form is AAB, e.g. “洗洗澡”, “散散步”, “见见面” etc. For example:

(1) 她毕了业就去美国留学了。

(2) 姐姐已经结了婚，有了孩子。

(3) 今晚我要跟朋友见面。(×今晚我要见面朋友。)

4. 对

介词。跟后面表示人、事物或处所等的名词构成介词短语，说明动作的对象或一种对待关系。例如：

“对”, a preposition, is often followed by an animate or inanimate noun, or a noun of location to form a prepositional phrase, and to denote the object or relation of an action. For example:

(1) 她笑着对我说中国真美。

(2) 我对中国历史很有兴趣。

(3) 中国朋友对我非常热情。

五 操练与交际 Practice and communication

(一) 语音 Phonetics

1. 辨音辨调 Distinguish initials, finals and tones

jiēdài (接待)	gōngsī (公司)
jièdài (借贷)	gōngshì (公事)
guānzhào (关照)	juédìng (决定)
guāngzhào (光照)	quèdìng (确定)
yìsi (意思)	xǐ zǎo (洗澡)
yìshi (意识)	xǐ jiǎo (洗脚)
yúkuài (愉快)	lùyīn (录音)
yí kuài (一块)	lǚxíng (旅行)

2. 多音节连读 Read the following multiple syllables in succession

liúxuéshēng (留学生)	chūjíbān (初级班)
yánjiūshēng (研究生)	zhōngjíbān (中级班)
shuòshìshēng (硕士生)	gāojíbān (高级班)
bóshìshēng (博士生)	yánjiūbān (研究班)

liú xué shǒuxù (留学手续)	bì yè le (毕业了)
chū guó shǒuxù (出国手续)	jié hūn le (结婚了)
bì yè shǒuxù (毕业手续)	chū chāi le (出差了)
jié hūn shǒuxù (结婚手续)	sàn bù le (散步了)

(二) 朗读 Read aloud

1. 朗读下列短语 Read the following phrases aloud

关照我	办手续	结婚了	很满意
关照大家	手续麻烦	结婚以后	不太满意
关照关照她	办留学手续	还没结婚	老师满意了
请多多关照	手续办完了	跟女朋友结婚	对这儿非常满意

2. 朗读下列句子，注意语调

Read the following sentences and pay attention to the tones

(1) 真的是你?!

(2) 真的好吃?!

(3) 真的毕业了?!

(4) 真的结婚了?!

(5) 太好了!

(6) 太难了!

(7) 我太高兴了!

(8) 世界太小了!

(三) 从本课生词表中选择恰当的词语填空

Fill in the blanks with the words in the vocabulary of this lesson

1. 刚来中国的时候，我一________汉语也不会说。
2. 这么好的天气，在家看电视________到外面走走。

3. 大卫的哥哥在一家大________工作。
4. 木村，下午________一起去银行吧。
5. 他父母热情地________了我们。
6. 爸爸去北京________了，下周回来。
7. 小王今年刚________，太太在大学当老师。
8. 真没想到，现在他已经会说一口________的汉语了。
9. 木村说他在这儿生活得很________，让太太放心。
10. 我有点儿不好意思，________说：“对不起，对不起。”
11. 今天办________的人特别多，看样子，要等很长时间。
12. 我决定去美国________英语。
13. 今天的天气不错，________有点儿冷。
14. 我去找他的时候，他正听________呢。
15. 老师________我们骑车去。

(四) 用下列生词组成短语

Make phrases by using the following words

1. 接待______ 2. 进修______ 3. 原来的______
4. ______毕业 5. ______录音 6. ______手续
7. ______流利 8. ______新闻 9. 连忙______
10. ______愉快

(五) 替换 Substitutions

1

回北京	星期五
告诉你	刚才
结婚	上个月
毕业	今年夏天
办完手续	昨天下午

A：他是什么时候来中国的？
B：他是今年三月来中国的。

2

A：他是从哪儿来的？

B：他是从东京来的。

美国	法国
日本	韩国
俄罗斯	

3

东京	坐飞机
医院	坐出租车
学校	坐公共汽车
超市	骑车
银行	走着

A：他是怎么去的北京？

B：他是坐飞机去的北京。

4

A：是谁接待你们的？

B：是木村接待我们的。

告诉你们	朋友
提醒你们	大卫
陪你们去	山本
派你来	公司
让你去	老师

5

我的汉语	她
走着去	骑车去
这些资料	那些资料
这本词典	那本词典
这儿的风景	那儿的风景

我的汉语不如你。

我的汉语不如你流利。

6

我的汉语	她	好
走着去	骑车去	快
这些资料	那些资料	新
这本词典	那本词典	便宜
这儿的风景	那儿的风景	漂亮

(六) 模仿 Imitation

1. A：我是大卫呀！你忘了？前年春天我陪哥哥去日本出差，是你接待我们的！

   B：真的是你?！你在这里学习汉语吗？

   A：我是__________呀！你忘了？__________我陪__________去__________，是你接待我们的！

   B：真的是你?！你在这里__________吗？

2. A：她研究生毕业了吗？

   B：毕业了。毕业以后我们就结婚了。

   A：__________吗？

   B：__________了。__________就__________了。

3. A：你手续都办完了吗？

   B：还没办完。

   A：你__________都__________了吗？

   B：还没__________。

4. 他要是知道你也来中国了，一定特别高兴！

   他要是知道__________了，一定__________！

5. 现在，木村对他们班很满意。

现在，__________对__________很满意。

(七) 连词成句 Make sentences by linking the following words

1. 是　学　北京　汉语　在　的　山本

____

2. 从　今天　到　美国　是　的　他　大连

____

3. 朋友　是　一起　的　女　去　跟　小王

____

4. 车　去　坐　公共汽车　不如　去　骑

____

5. 样子　这件　不如　的　那件　衣服

____

(八) 把下列句子改成否定句

Change the following sentences into negative sentences

1. 我们是在餐厅吃的晚饭。

____

2. 玛丽亚是从学校来的。

____

3. 我是在操场看见他的。

____

4. 爱米坐出租车去的。

____

5. 他跟老张一起走的。

（九）改错 Correct the mistakes in the following sentences

1. 生日晚会是七点钟开始了。

2. 你在哪儿学了汉语?

3. 我是跟爸爸一起去的书店买书。

4. 我和妈妈是一起到北京来。

5. 我已经见面老师了。

6. 我是今年九月来了中国的。

7. 我骑自行车不如他慢。

8. 木村打算明年结婚女朋友。

（十）用“不如”改写句子

Rewrite the following sentences by using 不如

1. 我们学了 1000 个生词，他们学了 800 个生词。

2. 昨天最高气温 22 摄氏度，今天最高气温 19 摄氏度。

3. 苹果两块钱一斤，香蕉三块钱一斤。

4. 这个电影比那个电影有意思。

5. 坐出租车比坐公共汽车快。

（十一）完成会话 Complete the following dialogues

（木村和爱米一边走一边聊天儿）

木　村：爱米，你是＿＿＿＿＿＿＿＿的？

爱　米：今年九月来的。你呢？

木　村：我是昨天＿＿＿＿＿＿＿＿。

爱　米：你想在哪个班学习呢？

木　村：我只会＿＿＿＿＿＿＿＿，不知道去哪个班好。

爱　米：我建议＿＿＿＿＿＿＿＿＿＿＿＿＿＿＿＿＿＿＿＿。

木　村：好吧。

（在宿舍楼门口）

大　卫：木村，你怎么在这儿？

木　村：大卫，＿＿＿＿＿＿＿＿？！

大　卫：你也来这儿学习汉语吗？

木　村：是啊。公司派＿＿＿＿＿＿＿＿＿＿＿＿。

大　卫：学习＿＿＿＿＿＿＿＿？

木　村：大概一年吧。

大　卫：那你的女朋友呢？研究生毕业了吗？

木　村：她已经毕业了。＿＿＿＿＿＿＿＿以后我们＿＿＿＿＿＿＿＿。

大　卫：＿＿＿＿＿＿＿＿！

木　村：大卫，你哥哥＿＿＿＿＿＿＿＿？

大　卫：他现在也_______________。

木　村：太好了，有时间我去看看他。

（十二）功能会话　Functional communications

询问　Ask

1. A：你是从哪儿来的？

   B：我是从日本来的。

2. A：你是什么时候买的？

   B：我是昨天下午买的。

3. A：你们是怎么去的？

   B：我们是骑车去的。

4. A：是谁陪你去的？

   B：是爱米陪我去的。

（十三）阅读　Reading comprehension

留学生活

木村是日本留学生，大学毕业后在一家公司工作。公司派他来中国学习汉语。他是上个星期到这儿的。木村只会说几句汉语，汉语水平不如大卫高，不知道应该去哪个班学习，他打算先参加分班考试以后再决定。现在，木村对他们班很满意，对这儿的生活也习惯了。

他每天早上七点半就起来了。起床以后洗个澡，就连忙去上课。因为没有时间吃早饭，他上课的时候有点儿饿。不过，没关系，课间休息的时候，他可以喝点儿咖啡，吃点儿点心和水果。下午下了课以后，他有时候去跟老师学打太极拳，有时候跟同学们踢踢足球，还有的时候去操场跑跑步。跟在日本一样，木村每天锻炼，身体很好。晚上，他先写作业，再听听课文的录音，复习一下，然后看看电视上的新闻节目，大概十二点多睡觉。

木村他们班的同学都很爱学习，木村很喜欢他们。他每天都生活得很愉快。

1. 根据短文连线
Link the following collocations by lines according to the passage above

参加	去上课
听	很愉快
新闻	太极拳
生活	节目
连忙	课文录音
打	考试

2. 回答问题　Answer the following questions

(1) 木村的汉语水平怎么样?
(2) 木村对学校的生活习惯了吗?
(3) 木村为什么不吃早饭?
(4) 木村每天下午干什么?
(5) 木村每天晚上干什么?
(6) 木村在学校生活得怎么样?

(十四) 语言交际　Language communication

1. 自由表达　Free talk

看图说话。图中 A 和 B 是好久没见面的朋友，练习一下该说些什么。

Talk about the pictures. A and B are friends who haven't seen each other for a long time. See what you should say to each other.

2. 完成任务 Fulfill the following tasks

给朋友介绍一下你们班的情况，（有多少学生、来自哪些国家、有几位老师、有什么课程等），并写成 50 字左右的短文。

Tell your friends something about your class, like how many students and teachers there are in your class, where they are from, what classes you have, and write a short composition about 50 words on it.

第2课
Lesson
2

这儿的菜真好吃

They are very delicious

一 课 文 Text

(一) 在饭店

服务员：欢迎光临！您几位？

安志永：三位。

服务员：里边请。这是菜单，三位想吃点儿什么？

安志永：女士优先，你们先点菜吧。

高　桥：那我就不客气了。我喜欢吃辣的，我要一个麻婆豆腐。爱米，你呢？

爱　米：菜单上的汉字我都没学过。服务员，你们这儿有什么特色菜吗？

服务员：糖醋鱼怎么样？酸甜可口，又特别有营养。

爱　米：没吃过，正好尝一尝。安志永，你喜欢吃什么？

安志永：我来个西红柿炒鸡蛋吧。

服务员：主食要点儿什么？

安志永：米饭就行。再来两瓶啤酒，怎么样？

爱　米：好啊。我觉得青岛或者百威都挺不错的。

高　桥：那就来青岛吧。不过，别喝醉了。

安志永：放心吧。服务员，请快一点儿好吗？我们要饿死了。

服务员：请稍等，菜马上就来。

爱　米：服务员，请给我们来壶茶。

服务员：好的。

（过了一会儿）

服务员：你们的菜齐了，请慢用。

安志永：来，干杯！

高桥
爱米：干杯！

(二)饭店门口

(大家走出饭店)

安志永：听说留学生都喜欢在这儿吃饭，附近的饭店这家客人最多。两位女士，你们觉得怎么样？

高　桥：这儿的菜真好吃！

爱　米：确实不错。环境挺舒适，服务也很好，以后我们可以常来。

安志永：好啊，下次再来别忘了叫我。

高　桥：要是每天都来这里吃饭，我就不能减肥了。

二 常用句 Useful sentences

1. 欢迎光临！
2. 您几位？
3. 里边请。
4. 这是菜单，三位想吃点儿什么？
5. 服务员，你们这儿有什么特色菜吗？
6. 请慢用。

三 生词 New words

1. 光临	guānglín	(动)	be present
2. 菜单	càidān	(名)	menu
3. 女士	nǚshì	(名)	lady
4. 优先	yōuxiān	(形)	have priority
5.麻婆豆腐	mápó dòufu		hot and spicy bean curd
6. 汉字	Hànzì	(名)	Chinese character
7. 过	guo	(助)	used after a verb to indicate a past experience
8. 特色	tèsè	(名)	characteristic
9. 糖醋鱼	tángcùyú	(名)	fish in sweet and sour sauce
10. 酸	suān	(形)	sour
11. 甜	tián	(形)	sweet
12. 可口	kěkǒu	(形)	tasty
13. 营养	yíngyǎng	(名)	nutrition; nourishment
14. 西红柿	xīhóngshì	(名)	tomato
15. 炒	chǎo	(动)	stir–fry
16. 鸡蛋	jīdàn	(名)	eggs
17. 主食	zhǔshí	(名)	staple food
18. 或者	huòzhě	(连)	or
19. 挺	tǐng	(副)	very; quite

20. 醉	zuì	（动）	drunk
21. 死	sǐ	（形、动）	dead; extremely, to death
22. 马上	mǎshàng	（副）	at once
23. 壶	hú	（名、量）	kettle; measure word (for pots to contain water, tea and the like)
24. 一会儿	yíhuìr	（数量）	a little while
25. 齐	qí	（形）	all ready
26. 干杯	gān bēi		drink a toast
27. 客人	kèren	（名）	guest
28. 环境	huánjìng	（名）	environment
29. 舒适	shūshì	（形）	comfortable
30. 减肥	jiǎn féi		lose weight
31. 光	guāng	（形）	nothing left; used up
32. 盘儿	pánr	（名、量）	tray, plate; measure word (for plates to contain dishes and the like)
33. 顿	dùn	（量）	measure word(for meals etc.)
34. 家常	jiācháng	（名）	the daily life; home-style
35. 表示	biǎoshì	（动）	express
36. 添	tiān	（动）	increase
37. 便饭	biànfàn	（名）	plain food
38. 记得	jìde	（动）	remember
39. 不久	bùjiǔ	（名）	soon

40. 做客	zuò kè		be a guest
41. 天哪	tiān na		oh my God
42. 摆	bǎi	（动）	put
43. 主人	zhǔrén	（名）	host; owner
44. 希望	xīwàng	（动、名）	hope
45. 别人	biérén	（代）	other people; others
46. 夹	jiā	（动）	press from both sides; pick up
47. 厨房	chúfáng	（名）	kitchen
48. 盘子	pánzi	（名）	tray; plate
49. 好客	hàokè	（形）	be hospitable
50. 方式	fāngshì	（名）	way

专　名　Proper nouns

1. 安志永	Ān Zhìyǒng	name of a person
2. 青岛	Qīngdǎo	Qingdao (a brand of beer)
3. 百威	Bǎiwēi	Budweiser

四 语言点 Language points

(一) 基本句 Basic sentence patterns

动态助词“过” The auxiliary verb “过”

“过”用在动词后边，表示某一动作或变化在过去曾经发生，但没有继续到现在。常用来强调过去的某种经历。例如：

"过" used after the verb denotes a perfect action or event but not going on to the time of speaking and is often used to emphasize a past experience. For example:

(1) 金美英以前来过中国。

(2) 菜单上的汉字我都没学过。

(3) 你吃没吃过饺子?

(二) 词语用法 Usages of words and phrases

1. 或者 (或)

"或者 (或)"是表示选择关系的连词,可以连接词或短语,也可以连接句子。例如:

"或者 (或)", a conjunction of selection, can be used to link words, phrases or sentences. For example:

(1) 咖啡或者茶都可以。

(2) 星期日或者下班以后,人们都喜欢到这个公园来玩儿。

(3) 明天你来学校,或者我去你家都行。

▲ 比较"或者" 和 "还是" Compare "或者" and "还是"

两者都表示选择关系,不同的是"或者"只能用在陈述句中,"还是"用在疑问句以及部分陈述句中。例如:

They both indicate the relationship of preference or alternative. The differences between the two phrases is that "或者" can only be used in a declarative sentence but "还是" can be used in a interrogative sentence or some of declarative sentences. For example:

(4) 你今天去还是明天去?

(5) 我也不知道星期三还是星期四开会。

(6) 你要单人房还是双人房? (✕你要单人房或者双人房?)

2. 挺

副词。相当于“很”。用于口语，后边常跟“的”。例如：

“挺”, an adverb, means “很”. It is used in oral Chinese and often followed by 的. For example:

(1) 今天挺暖和（的）。

(2) 最近老张挺忙（的）。

五 操练与交际 Practice and communication

(一) 语音 Phonetics

1. 辨音辨调 Distinguish initials, finals and tones

yōuxiān（优先）	zhǔshí（主食）
yóuxiāng（邮箱）	zhùshì（注视）
huánjìng（环境）	gān bēi（干杯）
huānqìng（欢庆）	gānbèi（干贝）
jiācháng（家常）	zhǔrén（主人）
jiāchǎn（家产）	zhǔrèn（主任）
xīwàng（希望）	fāngshì（方式）
shīwàng（失望）	fánshì（凡是）

2. 多音节连读 Read the following multiple syllables in succession

tángcùyú（糖醋鱼）	fúwùyuán（服务员）
hóngshāoyú（红烧鱼）	shòupiàoyuán（售票员）
qīngzhēngyú（清蒸鱼）	yùndòngyuán（运动员）
shuǐzhǔyú（水煮鱼）	yíngyèyuán（营业员）

huānyíng guānglín（欢迎光临）
xià cì guānglín（下次光临）
zàicì guānglín（再次光临）
guānglín zhǐdǎo（光临指导）
huánjìng shūshì（环境舒适）
huánjìng yōuměi（环境优美）
huánjìng bǎohù（环境保护）
huánjìng fùzá（环境复杂）

（二）朗读 Read aloud

1. 朗读下列短语 Read the following phrases aloud

炒什么	我饿了	马上去	吃光了
炒鸡蛋	我没饿	马上就好	酒喝光了
蛋炒饭	我饿死了	马上准备	钱用光了
炒了一个菜	我饿极了	马上就写完了	东西都卖光了

2. 朗读下列句子，注意语调

Read the following sentences and pay attention to the tones

(1) 三位想吃点儿什么？
(2) 三位想喝点儿什么？
(3) 三位想买点儿什么？
(4) 三位想要点儿什么？
(5) 再来壶茶，怎么样？
(6) 再来瓶啤酒，怎么样？
(7) 再来点儿主食，怎么样？
(8) 再来盘儿糖醋鱼，怎么样？

（三）从本课生词表中选择恰当的词语填空

Fill in the blanks with the words in the vocabulary of this lesson

1. 请走好，欢迎下次________。
2. 请给我们介绍一下儿你们饭店的________菜。

3. 小王今天太忙了，只吃了一________饭。

4. 你们点的菜________了，几位慢用。

5. 同学们都觉得这所大学的学习________确实不错。

6. 请稍等，老师________就到。

7. 很久没吃过这么________的饭菜了。

8. 毕业以后我想当老师________当翻译。

9. 这个饭店的房间很________。

10. 这本小说我看________，写得________有意思的。

11. 桌子上________着两本词典。

12. 爸爸________我常给家里打电话。

13. 我回家的时候，妈妈在________炒菜呢。

14. 中国人非常热情________。

15. 吃饭的时候，朋友一家人不停地给我________菜。

16. 这件事我已经不________了。

17. 听说小王正在________，不吃主食。

18. 不好意思，给您________麻烦了。

(四) 用下列生词组成短语

Make phrases by using the following words

1. 炒______　　2. ______可口　　3. ______营养

4. 环境______　　5. ______特色　　6. 家常______

7. 表示______　　8. 添______　　9. 马上______

10. ______光

(五) 替换 Substitutions

1

A：你吃过中国菜吗？
B：我吃过中国菜。

喝	青岛啤酒
看	中国电影
读	这篇课文
复习	这些生词
参加	足球比赛

2

A：你吃过糖醋鱼没有？
B：我没吃过糖醋鱼。

吃	饺子
喝	这两种茶
听	中文歌儿
看	中文小说
练习	这个句子

3

A：菜单上的汉字你学没学过？
B：菜单上的汉字我都没学过。

这些生词	学
这两本小说	读
青岛和百威	喝
这几个地方	去
附近的书店	逛

4

我觉得青岛或者百威都挺不错(的)。

走着去	骑车去	好
咖啡	茶	好喝
听音乐	看电影	有意思
麻婆豆腐	西红柿炒鸡蛋	有营养
打排球	踢足球	锻炼身体

（六）模仿 Imitation

1. A：糖醋鱼怎么样？酸甜可口，又特别有营养。
   B：没吃过，正好尝一尝。

   A：__________怎么样？__________，又特别有营养。
   B：没__________，正好尝一尝。

2. A：安志永，你喜欢吃什么？
   B：来个西红柿炒鸡蛋吧。

   A：__________，你__________什么？
   B：__________________吧。

3. A：服务员，请快一点儿好吗？我们要饿死了。
   B：请稍等。

   A：__________，请快一点儿好吗？我们______________。
   B：请稍等。

4. A：环境挺舒适，服务也很好，以后我们可以常来。
   B：好啊，下次再来别忘了叫我。

   A：__________，__________，以后我们可以常来。
   B：好啊，下次再来别忘了叫我。

（七）用"还是"、"或者"填空 Fill in the blanks with 还是 or 或者

1. 你去______他去我都同意。
2. 我想给你打电话，但是我不知道你是在家里______在学校。
3. 放在外面______放在屋子里面都行。
4. 你从学校来______从家里来？

5. 张老师同意______不同意？

6. 每天早上都有很多人在公园里锻炼，______跑步，______打球，______做操。

7. 我们还没决定坐火车去______坐飞机去。

（八）改错 Correct the mistakes in the following sentences

1. 你用汉语讲还是用英语讲都可以。

____

2. 他每天晚上 12 点还是 1 点睡觉。

____

3. 我不知道今天去或者明天去。

____

4. 以前她吃了过中国菜。

____

5. 你喝什么？啤酒或者可乐？

____

6. 我常常喝过这种茶。

____

7. 他看没看那本书过？

____

8. 你们以前见面过吗？

____

9. 我的朋友病了，我去过看他了。

____

10. 她去不去过那个地方？

____

(九) 先把下列句子改成问句，然后用否定形式回答

Change the following sentences to interrogative sentences and then answer them in negative form

1. 这篇课文我们已经学过了。

____

2. 前年来中国的时候，山本去过武汉。

____

3. 我以前吃过一次中国菜。

____

4. 他参加过我们学校的排球比赛。

____

5. 爱米给我们介绍过这儿的情况。

____

(十) 完成会话 Complete the following dialogue

（中午，在一家饭店）

服务员：欢迎__________，里边请。

山　本：小姐，给我们来__________茶。

服务员：好的。这是菜单，请点菜。

玛丽亚：你们这儿有什么__________吗？

服务员：我们这儿的糖醋鱼非常好吃，__________，又有__________。

爱　米：行。山本，你看看菜单，再点两个菜。

山　本：我喜欢吃肉（ròu），来个__________。

玛丽亚：爱米，你喜欢吃什么？

爱　米：我们点两个素（sù）菜吧。（一边看菜单，一边说）要一个__________，再要一个__________。

玛丽亚：山本，喝点儿什么？

山　本：啤酒怎么样？

爱　米：我不能喝酒，一__________就____________。我喝茶就行。

玛丽亚：我也喝茶。

山　本：你们都不喝酒，我一个人喝多没意思。

爱　米：没关系。下次让安志永来陪___________。

玛丽亚：主食吃什么？

山　本：___________就行。

服务员：请稍等。

玛丽亚：这儿的环境___________。

山　本：确实不错。来，我们一边___________，一边___________。

（十一）功能会话 Functional communications

欢迎 Welcome

1. A：欢迎光临，两位请这边坐。

   B：好。先给我们来壶茶。

2. A：是老王啊！欢迎！欢迎！快请进。

   B：不好意思，打扰（rǎo）你了。

   A：没关系。请坐。

   B：谢谢。

3. A：小王啊，你来了我们非常高兴，再干一杯。

   B：已经干了两杯了，再干就醉了。

   A：那就喝半杯。

   B：好，咱们慢慢喝。

（十二）阅读 Reading comprehension

家常便饭

记得刚来中国不久，一个中国朋友请我去他家吃饭。我没去中国人家里做过客，这是第一次。

到了他家，全家人热情地接待了我，请我喝茶，吃水果，跟我聊天儿。过了一会儿，我们坐到饭桌前。天哪！桌子上摆了很多菜，我都看不见桌面了。朋友的妈妈对我说："菜不多，也没什么好吃的，都是家常便饭。"但是我知道准备这顿饭一定用了很长时间。在美国，要是做了这么多饭菜，主人会说："我用了一天时间准备，希望你们吃得高兴。"但是在中国，这样说别人会觉得不太好。

吃饭时，全家人都对我说："多吃点儿，别客气。"他们一边说，一边不停地给我夹菜。每个菜要吃完时，他们就去厨房添。我告诉他们，在美国，盘子里的菜都吃光了，主人最高兴，因为这表示客人非常喜欢这顿饭。但是在中国，菜吃光了表示主人准备得不充足。

现在我已经习惯了中国人的热情好客，美国人和中国人都很热情，但方式不一样。

1. 根据短文连线

Link the following collocations by lines according to the passage above

一顿	吃光了
不停地	便饭
不习惯	夹菜
盘子里的菜	接待客人
热情地	这种方式

2. 读后判断对错　Judge if the following sentences are right after reading the passage above

(1) 这是我第一次去中国人的家。　(　　)

(2) 他们家做的菜不多。　(　　)

(3) 准备这顿饭用了很长时间。　(　　)

(4) 在美国，菜吃光了表示主人准备得不充足。　(　　)

(5) 在中国，盘子里的菜都吃光了，主人最高兴。　(　　)

(6) 美国人和中国人热情好客的方式不一样。　(　　)

(十三) 语言交际　Language communication

1. 自由表达　Free talk

下页有一张菜单。你和你的同学分别扮演服务员和顾客，练习点菜。

There is a menu at the next page. Practice ordering dishes by playing the role of a waiter or a waitress and a customer.

2. 完成任务　Fulfill the following tasks

请你去一家饭店，调查那儿的特色菜，并了解一下你比较爱吃的几种菜的价格。然后在班里交流一下。

Go to a restaurant and find out what is the special there and the prices of your favourite dishes. And talk to each other in class.

好再来家常菜馆

热菜

西红柿炒鸡蛋	xīhóngshì chǎo jīdàn	12 元
四喜丸子	sìxǐ wánzi	26 元
鱼香肉丝	yúxiāng ròusī	18 元
辣子鸡丁	làzi jīdīng	16 元
水煮鱼	shuǐzhǔyú	35 元
烧茄子	shāoqiézi	14 元
红烧排骨	hóngshāo páigǔ	30 元
糖醋里脊	tángcù lǐjí	24 元
京酱肉丝	jīngjiàng ròusī	18 元
地三鲜	dìsānxiān	13 元
麻婆豆腐	mápó dòufu	16 元
香菇菜心	xiānggū càixīn	15 元

凉菜

水果沙拉	shuǐguǒ shālā	18 元
蔬菜沙拉	shūcài shālā	16 元
五香牛肉	wǔxiāng niúròu	20 元
凉拌海带丝	liángbàn hǎidàisī	10 元

主食

米饭	mǐfàn	2 元 / 碗
扬州炒饭	Yángzhōu chǎofàn	10 元 / 盘
拉面	lāmiàn	8 元 / 碗
招牌煎饺	zhāopái jiānjiǎo	14 元 / 半斤
葱花饼	cōnghuābǐng	12 元 / 打
四川麻团	Sìchuān mátuán	10 元 / 份

酒水

百威啤酒	Bǎiwēi Píjiǔ	10 元 / 瓶
青岛啤酒	Qīngdǎo Píjiǔ	12 元 / 瓶
果汁	guǒzhī	10 元 / 杯
可口可乐	Kěkǒu kělè	6 元 / 瓶

第3课 Lesson 3

我肚子疼得厉害

I have a terrible stomache

一 课文 Text

(一) 在医院

(玛丽亚在医院挂号)

玛丽亚：请问，我肚子疼，挂哪一科？

大　夫：挂内科。挂号费三元。

(在内科)

玛丽亚：大夫，我肚子疼得厉害！

大　夫：别着急，我看看。

玛丽亚：不行，我要去厕所！

(过了一会儿，玛丽亚回来了)

大　夫：好点儿了吗？

玛丽亚：疼得轻了一点儿。昨天一晚上去了四趟厕所，早上刚起床又去了一回。

大　夫：你是不是吃了什么不干净的东西？

玛丽亚：没有啊，昨天的海鲜又新鲜又便宜，好吃极了。

大　夫：（笑）你大概吃了不少吧？

玛丽亚：对，我刚到这里，看见这么多好吃的东西，就……

大　夫：秋天到了，天气比较凉，别一下子吃那么多海鲜，对身体不好。

玛丽亚：哦，知道了。

大　夫：这个季节要注意一点儿，刚才有两个病人情况跟你一样。

玛丽亚：看来这个世界好吃的人不只我一个！

大　夫：这样吧，你先去化验一下儿。

玛丽亚：好的。

（二）在宿舍

爱　米：玛丽亚，还拉肚子吗？

玛丽亚：嗯。不过不太疼了。

爱　米：检查了吗？结果怎么样？

玛丽亚：大夫说不要紧，就是海鲜吃多了，消化不好。

爱　米：是吗？以后要注意点儿。

玛丽亚：大夫也是这样说的。

爱　米：开药了吗？

玛丽亚：开了。你看。

爱　米：（一边看一边念）一次2片，一日3次，饭后服用。你可别忘了吃药哇。

玛丽亚：放心吧，不会忘的。爱米，我还打了一针呢。

爱　米：什么？打针？你不是最怕打针吗？

玛丽亚：没办法。大夫说打针比吃药好得快，我不愿意耽误课，只好……

爱　米：可怜的玛丽亚。

二 常用句 Useful sentences

1. 挂内科。
2. 挂号费三元。
3. 以后要注意点儿。
4. 你先去化验一下儿。
5. 我最怕打针。

三 生词 New words

1. 肚子	dùzi	（名）	belly
2. 得	de	（助）	the mark before a complement
3. 厉害	lìhai	（形）	terrible
4. 挂号	guà hào		register
5. 挂	guà	（动）	register; hang
6. 科	kē	（名）	branch of academic study
7. 大夫	dàifu	（名）	doctor
8. 内科	nèikē	（名）	internal medicine
9. 费	fèi	（名）	fee
10. 着急	zháojí	（形）	get worried
11. 厕所	cèsuǒ	（名）	toilet
12. 轻	qīng	（形）	light;not serious
13. 趟	tàng	（量）	measure word (number of times of coming and going)
14. 海鲜	hǎixiān	（名）	seafood
15. 新鲜	xīnxiān	（形）	fresh
16. ……极了	……jíle		extremely
17. 笑	xiào	（动）	smile; laugh
18. 凉	liáng	（形）	cool
19. 一下子	yíxiàzi	（副）	in a short while

20. 哦	ò	（叹）	oh
21. 注意	zhùyì	（动）	pay attention to
22. 病人	bìngrén	（名）	patient
23. 看来	kànlái	（连）	it seems
24. 好	hào	（动）	like
25. 化验	huàyàn	（动）	chemical examination
26. 拉	lā	（动）	have a loose bowels; suffer from diarrhoea
27. 检查	jiǎnchá	（动）	check up
28. 结果	jiéguǒ	（名）	result; outcome
29. 要紧	yàojǐn	（形）	be serious
30. 消化	xiāohuà	（动）	digest
31. 片	piàn	（量）	measure word (tablet; slice etc.)
32. 服用	fúyòng	（动）	take (medicine)
33. 针	zhēn	（量、名）	measure word; injection, needle
34. 耽误	dānwu	（动）	delay
35. 可怜	kělián	（形）	pitiful
36. 力气	lìqi	（名）	physical strength
37. 嗓子	sǎngzi	（名）	throat
38. 亚健康	yàjiànkāng	（名）	sub healthy
39. 脸色	liǎnsè	（名）	complexion;facial expression
40. 难看	nánkàn	（形）	unsightly
41. 担心	dānxīn	（动）	worry

42. 好好儿	hǎohāor	（副）	properly
43. 只是	zhǐshì	（连）	only;just
44. 心情	xīnqíng	（名）	mood
45. 原因	yuányīn	（名）	reason
46. 医学	yīxué	（名）	medical science

四 语言点 Language points

(一)基本句 Basic sentence patterns

情态补语 The complement of modality

表示对动作行为进行描写、评价或判断，由形容词及其短语充当。例如：

The element of the complement of modality is either an adjective or an adjective phrase, which describes, evaluates or judges an action. For example:

(1) 田中每天都睡得很晚。

(2) 他跑得非常快。

(3) 他(说)汉语说得很流利。

(4) 这个问题你回答得很好。

否定形式是把“不”放在情态补语中，不放在动词前边。例如：

The negative form is that “不” is put in the complement of modality, not after a verb. For example:

(5) 我准备得不好。 (✕我不准备得好。)

正反疑问形式也在补语中表示。

The positive and negative form of interrogation is also used in the complement of a modality. For example:

(6) 他足球踢得好不好？

(二) 词语用法 Usages of words and phrases

1. 次、回、趟、下

动量词。跟数词一起，在动词后边作补语，说明动作发生或进行的次数。例如：

“次，回，趟，下” are verbal measure words. They are used together with numerals after a verb as a complement to denote the times of an action happened or being undergone. For example:

(1) 山本每周看一次电影。

(2) 我一个小时去了四趟厕所。

(3) 请等一下。

▲ 当宾语表示确定的人以及地名时，放在补语前后都可以。例如：

When the object is a noun denoting a certain person, or a location, the noun can be either put before or after the complement. For example:

(4) 我见过小王一次。(我见过一次小王。)

(5) 她去过一回北京。(她去过北京一回。)

2. 一下子

副词。表示动作发生或完成得迅速，或现象出现得突然。例如：

“一下子”, adverb, is used to denote the swiftness and speediness of an action finished or a thing appears suddenly. For example:

(1) 天气一下子冷了。

(2) 听了我的话，她的脸一下子红了。

五 操练与交际 Practice and communication

（一）语音 Phonetics

1. 辨音辨调 Distinguish initials, finals and tones

dùzi（肚子）
tùzi（兔子）

sǎngzi（嗓子）
sǎozi（嫂子）

zhùyì（注意）
zhǔyì（主义）

huàyàn（化验）
fāyán（发言）

zhǐshì（只是）
zhīshi（知识）

dānxīn（担心）
dāngxīn（当心）

xīnqíng（心情）
xīnqín（辛勤）

zháojí（着急）
zhàojí（召集）

2. 多音节连读 Read the following multiple syllables in succession

huàyàn yíxiàr（化验一下儿）
jièshao yíxiàr（介绍一下儿）
máfan yíxiàr（麻烦一下儿）
liǎojiě yíxiàr（了解一下儿）

chī hǎixiān（吃海鲜）
mǎi hǎixiān（买海鲜）
zuò hǎixiān（做海鲜）
cháng hǎixiān（尝海鲜）

guàhàofèi（挂号费）
jiǎncháfèi（检查费）
shuǐdiànfèi（水电费）
fángzūfèi（房租费）

guàhàochù（挂号处）
xuéshēngchù（学生处）
shōufèichù（收费处）
shōukuǎnchù（收款处）

(二) 朗读 Read aloud

1. 朗读下列短语 Read the following phrases aloud

注意身体	看病人	要紧吗	好好儿休息
注意发音	病人不少	不要紧	好好儿学习
要注意听	照顾病人	要紧的事	好好儿工作
注意这个人	送病人去医院	这病不要紧	好好儿复习

2. 朗读下列句子，注意重音

Read the following sentences aloud and pay attention to the stress syllables.

(1) 喜欢极了！

(2) 天气热极了！

(3) 大家高兴极了！

(4) 心情愉快极了！

(5) 饭菜可口极了！

(6) 房间舒适极了！

(7) 这个电影有意思极了！

(8) 昨天的海鲜好吃极了！

(三) 从本课生词表中选择恰当的词语填空

Fill in the blanks with the words in the vocabulary of this lesson

1. 玛丽亚肚子疼，________内科。

2. 最近，高桥常常感冒，________了不少课。

3. 都 9 点了，安志永还没来，大家非常________。

4. 请问，这附近有没有________？

5. 昨天下午，爱米去了一________银行，换了点儿钱。

6. 这么________的水果，我们多买点儿吧。

7. 一块儿参加这个活动吧，有意思________。

8. 坐公共汽车的时候，人很多，一定要________你的钱包。

9. 这种药一定要饭后________。

10. 大夫说他就是太累了，不________，休息休息就好了。

11. 第一次参加这么重要的比赛，小王的心跳得________。

12. 小王，你________这么难看，是不是身体不舒服？

13. 这件衣服不错，________有点儿贵。

14. 下周就考试了，你________复习复习吧。

15. 这孩子没有爸爸，也没有妈妈，太________了。

16. ________他已经恢复健康了。

17. 不知道什么________最近消化不好，常________肚子。

（四）用下列生词组成短语

Make phrases by using the following words

1. 结果______　2. ______厉害　3. 可怜的______

4. 消化______　5. 力气______　6. 新鲜______

7. 注意______　8. 检查______　9. 化验______

10. 耽误______

（五）替换 Substitutions

1

来	很早
跑	非常快
说	不错
唱	很好听
头疼	厉害

玛丽亚肚子疼得厉害。

2

A：他唱歌儿唱得怎么样？
B：他唱歌儿唱得很好。

收拾房间	收拾	很干净
打网球	打	不太好
写汉字	写	又快又好
说汉语	说	非常流利
了解情况	了解	很清楚

3

A：他歌儿唱得怎么样？
B：他歌儿唱得很好。

房间	收拾	很干净
网球	打	不太好
汉字	写	又快又好
汉语	说	非常流利
情况	了解	很清楚

4

她昨天晚上去了四趟厕所。

今天	去	两趟	书店
上周	吃	一回	糖醋鱼
这个月	看	四回	电影
上半年	回	三次	国
今年	参加	两次	HSK 考试

5

A：你见过她几回？
B：我见过她两回。

请	她	回
找	她	次
看	他	回
去	他家	趟
提醒	他们	次

(六) 模仿 Imitation

1. A：请问，我肚子疼，挂哪一科？
   B：挂内科。

   A：请问，我________，挂哪一科？
   B：挂________。

2. A：你是不是吃了什么不干净的东西？
   B：没有啊，昨天的海鲜又新鲜又便宜。

   A：你是不是吃了什么不________的东西？
   B：没有啊，昨天的________又________又________。

3. A：别一下子吃那么多海鲜，对身体不好。
   B：哦，知道了。

   A：别一下子________那么多________，对身体不好。
   B：哦，知道了。

4. A：可别忘了吃药哇。
   B：放心吧，不会忘的。

   A：可别忘了________。
   B：放心吧，________。

(七) 连词成句 Make sentences by linking the following words

1. 电话　给　打　大卫　妈妈　过　两回

____

2. 我　已经　两趟　下午　了　银行　去

____

3. 游泳　爱米　游　快　得　很

4. 不错　踢　足球　得　安志永

5. 一次　去　张老师　过　美国　前年

(八) 改错　Correct the mistakes in the following sentences

1. 老师刚才走进教室，我们就开始上课。

2. 玛丽亚每天吃水果得很多。

3. 他已经结过婚两次了。

4. 我吃过一下儿糖醋鱼，很好吃。

5. 外边下雨得很大，我们不能出去了。

6. 她说汉语已经非常好了。

7. 这个电影有意思得极了。

8. 我们每天都起床得很早。

9. 她读课文读很流利。

10. 这个房间不收拾得干净。

(九) 用情态补语完成下列句子

Complete the following sentences with the complement of modality

1. 我朋友汉语说得______________________________。
2. 高桥游泳游得______________________________。
3. 我午饭吃得__________________________，现在不饿。
4. 昨天晚上田中睡得____________________，现在还没起床。
5. 今天玛丽亚穿得______________________，一点儿也不冷。

(十) 根据实际情况回答问题 Answer the following questions

1. 来中国以后，你病过没有？
2. 你去过中国的医院吗？如果去过，你会挂号吗？
3. 你打过针吗？怕打针吗？
4. 你耽误过课吗？什么原因？
5. 你中文歌儿唱得怎么样？
6. 现在，你汉语说得怎么样？

(十一) 完成会话 Complete the following dialogue

大　卫：大夫，我肚子__________。

大　夫：别着急，我看看。

大　卫：昨天一晚上我__________厕所，早上刚起床又__________。

大　夫：你是不是吃了什么不干净的东西？

大　卫：没有啊，昨天的海鲜__________，好吃极了。

大　夫：（笑）你__________吃了不少吧？

大　卫：对，我刚到这里，看见这么好吃的东西，就……

大　夫：秋天到了，天气__________，别__________，对身体不好。

大　卫：哦，知道了。

大　夫：这样吧，你先________一下儿。

(大卫化验完回来)

大　卫：大夫，这是__________，您看，要紧吗？

大　夫：________。我给你开点儿药，一天吃______，一次______。

大　卫：谢谢。

(十二) 功能会话　Functional communications

1. 害怕　Be scared

A：给你打一针吧。

B：大夫。我怕打针。

A：这么大的人，还怕打针？

B：我怕疼。

A：放心吧，不会疼的。

2. 要求　Request

A：你嗓子不太好，别吃辣的。

B：您放心吧。

(十三) 阅读　Reading comprehension

亚健康

最近小王常常感冒，头疼得厉害。他自己吃了点儿药，好一点儿了，但还是觉得不太舒服，没有力气，朋友说他脸色很难看。这种情况大概有一个多月了，小王也挺担心的，决定去一趟医院。

大夫问他以前有没有这样的情况，小王说没有。大夫又问他最近工作情况怎么样，小王说他工作特别忙，已经很长时间没好好儿休息了。

检查以后，大夫告诉小王他没有什么病，只是太累了。现在很多人因为工作和心情的原因，常常觉得累，没有病，但是像得了病一样，很容易感冒、头疼什么的，这种情况的医学名字叫亚健康。

大夫要小王休息两天，平时多注意锻炼身体和营养，当然，有一个好的心情也特别重要。

小王觉得大夫说得对，以后一定要安排好时间，注意休息，还要多运动，周末去打打网球、游游泳，多吃点儿有营养的东西，有机会也去旅游旅游。

1. 根据短文连线

Link the following collocations by lines according to the passage above

身体	难看
注意	不舒服
疼得	休息
脸色	很多
好好儿	营养
原因	厉害

2. 回答问题　Answer the following questions

(1) 小王怎么了？多长时间了？

(2) 小王最近工作情况怎么样？

(3) 小王真的病了吗？

(4) 什么叫“亚健康”？

(5) 大夫要小王怎么做？

(十四) 语言交际　Language communication

1. 自由表达　Free talk

谈谈来中国以后看病或者买药的情况。

Say something about seeing a doctor or getting some medicine since you have been here in China.

2. 完成任务 Fulfill the following tasks

给同学们介绍一种药，包括药的名称、作用、用法等。

Introduce a medicine to your classmates including the name, the function and the directions of the medicine.

3. 写作 Writing

练习写一张请假条。

Practice writing a note for leaving.

第4课 Lesson 4

一起去郊游

Let's go outing

一 课 文 Text

(一) 在食堂

(中午，在留学生食堂)

安志永：明天是周末，我们组织点儿活动吧。

高 桥：行啊。可是干什么好呢？

山 本：来个棒球比赛好不好？

高　桥：我不会打棒球，再说跑来跑去的，太累了。

安志永：那我们去唱卡拉OK？

山　本：唱一天？累死了。

高　桥：金美英，你怎么不说话？你有什么好主意？

金美英：我们去爬山好不好？

山　本：对呀！现在天气不冷不热，是郊游的好季节。

金美英：走进大自然，登高望远。

山　本：爬上山顶看风景，多美呀！

高　桥：还可以带点儿吃的去野餐。

安志永：爬山加野餐，这个周末生活够丰富的。

高　桥：哎，明天天气怎么样？

安志永：我听天气预报了，明天是个好天儿。

金美英：要是大家都没意见，那就这样定了吧。一会儿我们去门口的面包店买些吃的。

大家：好啊。

（二）在教室

（田中背着书包走进教室）

田　中：同学们，看到外边的通知了吗？

金美英：什么通知？快跟我们说说。

田　中：下周学校要举行排球比赛，希望大家积极报名。

高　桥：山本，你排球打得那么好，你去吧。

山　本：好，不过你们要去给我加油。

田　中：没问题，我们组织一个拉拉队。

金美英：可是下周我要回国参加姐姐的婚礼。

山　本：那太遗憾了。

高　桥：这次只好我们替你给山本加油了。

二 常用句 Useful sentences

1. 行啊。
2. 对呀！
3. 那就这样定了吧。
4. 没问题。
5. 那太遗憾了。

三 生词 New words

1. 郊游	jiāoyóu	（动）	outing; excursion
2. 组织	zǔzhī	（动）	organize
3. 棒球	bàngqiú	（名）	baseball
4. 再说	zàishuō	（连、动）	besides that; put off until sometime later
5. 卡拉 OK	kǎlā-OK		Kara OK
6. 大自然	dàzìrán	（名）	nature
7. 登	dēng	（动）	climb
8. 望	wàng	（动）	gaze into the distance
9. 顶	dǐng	（名）	top
10. 野餐	yěcān	（动）	have a picnic
11. 加	jiā	（动）	add
12. 够	gòu	（副、动）	enough
13. 丰富	fēngfù	（形）	abundant
14. 意见	yìjiàn	（名）	view
15. 定	dìng	（动）	decide; fix
16. 面包	miànbāo	（名）	bread
17. 店	diàn	（名）	shop; store
18. 背	bēi	（动）	carry on the back
19. 书包	shūbāo	（名）	schoolbag

20. 通知	tōngzhī	（名）	notice
21. 举行	jǔxíng	（动）	hold
22. 积极	jījí	（形）	positive; active
23. 报名	bào míng		enter one's name(for sth); sign up register for sth.
24. 加油	jiā yóu		cheer (player) on; refuel
25. 拉拉队	lālāduì	（名）	cheer team
26. 队	duì	（名）	a row of people
27. 婚礼	hūnlǐ	（名）	wedding ceremony
28. 遗憾	yíhàn	（形）	regret
29. 替	tì	（介）	replace; take the place of
30. 拿手	náshǒu	（形）	be good at
31. 考	kǎo	（动）	test or quiz
32. 许多	xǔduō	（形）	many; a lot of
33. 介绍	jièshào	（动）	introduce
34. 专门	zhuānmén	（形）	special
35. 师范	shīfàn	（名）	teacher–training; pedagogical
36. 乒乓球	pīngpāngqiú	（名）	table tennis
37. 理想	lǐxiǎng	（名）	ideali
38. 画法	huàfǎ	（名）	technique of painting
39. 其中	qízhōng	（名）	among
40. 比如	bǐrú	（动）	for example; such as
41. 竹子	zhúzi	（名）	bamboo

42. 山水	shānshuǐ	（名）	mountains and rivers; scenery with hills and streams
43. 花鸟	huāniǎo	（名）	flowers and birds
44. 后来	hòulái	（名）	later

专 名　Proper nouns

中央美术学院	Zhōngyāng Měishù Xuéyuàn	China Central Academy of Fine Arts

四 语言点 Language points

（一）基本句 Basic sentence patterns

简单趋向补语（2） The simple complement of direction（2）

趋向动词“上、下、进、出、回、过、起、开”也可以跟在其他动词后面做简单趋向补语，表示与动作行为有关的人或物移动的方向。例如：

Direction verbs “上，下，进，出，回，过，起” and “开” can be used after the other verbs functioning as a simple complement of direction, indicating the direction of moving of a person or an object related to the action. For example:

（1）田中背着书包走进食堂。

（2）爬上山顶去看风景。

（3）玛丽亚拿起一本词典。

（4）他很快跑出了教室。

（5）高桥马上走开了。

▲除了“开”以外，其他动词后边必须带宾语。

All the verbs except 开 must be followed by an object.

(二) 词语用法 Usages of words and phrases

1. 再说

作连词。连接两个分句，用来委婉地进一步说明理由或原因。例如：

“再说”， conjection, is used to link two clauses to futher explain the reason politely. For example:

(1) 我下午有课，再说，我对打棒球没有兴趣，所以不想去。

(2) 天天超市就在学校附近，再说，那儿的东西也比较便宜，所以我常去。

作动词。表示留待以后办理或考虑。例如：

“再说”， verb, is used to indicate that something may be left for further consideration or dealt with later. For example:

(1) 这件事以后再说吧。

(2) 时间太晚了，你先休息吧，谁参加比赛明天再说。

2. 够

作副词。表示程度高。肯定式后边一般加“的”。例如：

“够”, adverb, is used to denote the degree of highness. “的” is often added after the affirmative form. For example:

(1) 这儿的天气够冷的。

(2) 她对我不够关心。

作动词。数量上可以满足需要。例如：

“够”, verb, is used to indicate the quantity is sufficient to meet a need or satisfy a desire. For example:

(1) 这些钱够不够？

(2) 一个星期的时间够用了。

五 操练与交际 Practice and communication

(一) 语音 Phonetics

1. 辨音辨调 Distinguish initials, finals and tones

zǔzhī (组织)
zǔzhǐ (阻止)

fēngfù (丰富)
fēnfù (吩咐)

shūbāo (书包)
shūbào (书报)

bào míng (报名)
bǎo mìng (保命)

jiāoyóu (郊游)
jiā yóu (加油)

zhúzi (竹子)
zúzi (卒子)

tōngzhī (通知)
tóngzhì (同志)

jǔxíng (举行)
jùxíng (句型)

2. 多音节连读 Read the following multiple syllables in succession

shānshuǐhuàr (山水画儿)
huāniǎohuàr (花鸟画儿)
rénwùhuàr (人物画儿)
fēngjǐnghuàr(风景画儿)

Zhōngyāng Měishù Xuéyuàn (中央美术学院)
Zhōngyāng Xìjù Xuéyuàn (中央戏剧学院)
Zhōngyāng Yīnyuè Xuéyuàn (中央音乐学院)
Zhōngyāng Mínzú Dàxué (中央民族大学)

lālāduì (拉拉队)
zúqiúduì (足球队)

bàngqiúduì（棒球队）

páiqiúduì（排球队）

piàoliang de fēngjǐng（漂亮的风景）

měilì de fēngjǐng（美丽的风景）

hǎokàn de fēngjǐng（好看的风景）

yōuměi de fēngjǐng（优美的风景）

（二）朗读　Read aloud

1. 朗读下列短语　Read the following phrases aloud

去郊游	背书包	拿手菜	考学生
组织郊游	背孩子	拿手节目	考听力
喜欢郊游	背很多东西	非常拿手	考得很好
跟朋友去郊游	背很重的东西	做一个拿手菜	考北京大学

2. 朗读下列句子，注意语调
Read the following sentences and pay attention to the tones

（1）唱一天？累死了。

（2）玩儿一天？累死了。

（3）踢一天？累死了。

（4）游一天？累死了。

（5）打一天？累死了。

（三）从本课生词表中选择恰当的词语填空
Fill in the blanks with the words in the vocabulary of this lesson

1. 听说，学校要________我们去旅游。

2. 你看外边的________了吗？下周我们学校开运动会，欢迎同学们报名参加。

3. 我喜欢走进________，看漂亮的风景。

4. 春天到了，天气很暖和，是________的好季节。

5. 别让她去了，她已经________累的了。

6. 同学们的课外生活非常________。

7. 有什么________你就说，别不好意思。

8. 这个小孩子怎么________了这么大一个书包？

9. 星期六山本要参加朋友的________，不能去郊游了。

10. 桌子上摆着________书，有中文的，也有英文的。

11. 服务员，请给我们介绍一下儿你们这儿的________菜。

12. 这个学校________教外国人学习汉语。

13. 回国当汉语教师是她的________。

14. 我们两个班________在一起一共 30 个学生。

15. 我非常喜欢________画儿。

16. 他们班有 22 名同学，________12 名是女同学。

(四) 用下列生词组成短语

Make phrases by using the following words

1. 举行________	2. 考________	3. 许多________
4. 通知________	5. 积极________	6. 背________
7. 介绍________	8. ________丰富	9. 专门________
10. 登________		

(五) 替换 Substitutions

1

爬上	山顶
走出	图书馆
走过	那个路口
拿起	酒杯
买回	词典

田中已经走进食堂了。

2

爬上山顶看风景。

走进	教室	上课
走出	房间	看热闹
拿起	杯子	喝水
跑下	楼	接人
跑回	宿舍	拿词典

3

我对打乒乓球也没有兴趣
我不太喜欢看足球比赛
晚上出去让妈妈担心
天气也不太好
明天有听力考试

我很忙，再说，最近身体也不太好，所以我不想去了。

4

这个周末生活够丰富的。

今天的考试	难
这条河	长
这件衣服	贵
她的汉语水平	高
你的房间	干净

(六) 模仿 Imitation

1. A：明天是周末，我们组织点儿活动吧。

   B：行啊。

   A：明天是周末，我们______吧。

   B：行啊。

2. A：你有什么好主意？

   B：我们去爬山好不好？

   A：你有什么______？

   B：我们______？

3. A：现在天气不冷不热，是郊游的好季节。

   B：那我们就去郊游吧。

   A：现在______，是______。

   B：那我们就______吧。

4. A：要是大家都没意见，那就这样定了。

   B：好啊。

   A：要是大家都______，那就______。

   B：______。

5. A：山本，你排球打得那么好，你去吧。

   B：可是下周我要回国参加姐姐的婚礼。

   A：那太遗憾了。

A：大卫，你__________，你__________。

B：可是__________。

A：那太遗憾了。

(七) 用“以后”或者“后来”填空

Fill in the blanks with 以后 or 后来

1. 欢迎你__________常来。
2. 她去年7月在武汉学习，__________到北京学习了。
3. 小王吃完饭__________就去图书馆了。
4. 他们打算一年__________结婚。
5. 毕业__________他先到一家公司工作，__________去美国了。
6. __________不要再迟到了。

(八) 改错 Correct the mistakes in the following sentences

1. 他回国后来，一直没给我打电话。

____

2. 姐姐给我买一本词典回。

____

3. 高桥已经爬了上山顶。

____

4. 爱米已经走进了。

____

5. 他来中国学习专门汉语。

____

（九）完成句子 Complete the following sentences with the words in the blankets

1. 这几天＿＿＿＿＿＿＿＿，你就好好儿休息休息吧。（够）
2. 我吃过许多中国菜，＿＿＿＿＿＿＿＿＿＿。（其中）
3. 安志永很喜欢运动，＿＿＿＿＿＿＿＿＿＿。（比如）
4. 听说山本的朋友＿＿＿＿＿＿＿＿＿＿＿。（专门）
5. 这件衣服样子很好，＿＿＿＿＿＿＿＿＿，你买一件吧。（再说）

（十）完成会话 Complete the following dialogue

1.（在宿舍楼大厅）

大　卫：明天是星期六，没有课，我们＿＿＿＿＿＿＿＿＿＿。
玛丽亚：好啊，可是干什么好呢？
爱　米：＿＿＿＿＿＿好不好？
大　卫：＿＿＿＿＿＿，再说，＿＿＿＿＿＿＿＿＿＿＿。
玛丽亚：那么我们去爬山吧。
爱　米：对呀！现在天气＿＿＿＿＿＿＿＿，是郊游的好季节。
玛丽亚：＿＿＿＿＿看风景，多美呀！
大　卫：还可以带点吃的去野餐。
爱　米：爬山加野餐，这个周末＿＿＿＿＿＿＿＿＿＿。

2.（安志永、大卫和金美英正在教学楼大厅聊天儿，山本信一走进大厅）

山　本：你们看到＿＿＿＿＿了吗？
安志永：没看见，什么通知？
田　中：下周我们学校要跟师范大学进行＿＿＿＿，让大家积极报名。
大　卫：安志永，你足球＿＿＿＿＿＿＿，你去报名吧。
山　本：对，我们组织＿＿＿＿＿＿＿＿。

安志永：谢谢大家。

金美英：可是下周我要 ____________________。

山　本：那太 ____________ 了。

大　卫：没关系，以后还有机会。

（十一）功能会话 Functional communications

1. 同意、赞成 Agree with

A：明天是周末，我们去爬山吧。

B：我同意。

A：我们再带点儿吃的去野餐好不好？

C：行，就这么办。

2. 拒绝 Turn down

A：山本，跟我们一起去打棒球吧。

B：对不起，我有点儿不舒服，你们去吧。

C：没关系，那你好好儿休息休息。

3. 决定 Decide

A：我看，坐火车去好。

B：行，坐火车比较方便。

C：要是大家都同意，那就这样定了。

4. 引起注意 Catch one's attention

A：你看，那儿有新通知。

B：什么事儿？

A：学校组织乒乓球比赛，欢迎大家参加。

（十二）阅读 Reading comprehension

我的理想

很小的时候我就开始学习画画儿，我学过许多种画法，其中最喜欢的是画中国画儿,因为它跟我以前画的画儿不一样。

我是怎么开始学习中国画儿的呢？几年前，我跟父母去中国旅游，认识了一位热情的中国人。他教我学习汉语，还给我介绍了很多中国的情况，我觉得很有意思，慢慢地对汉语和中国文化有了兴趣。回国的时候，他送给我两本教中国画儿的书，我非常喜欢。我开始自己学习中国画儿，一边看书，一边练习。我画了很多东西，比如竹子、山水、花鸟什么的，可是画得不太好。后来，我决定到中国留学，专门学习中国画儿。

现在，我每天上午学习汉语和中国文化，下午跟一位老师学习中国画儿，很忙，但是很快乐！老师说我进步很快。现在我的中国画儿已经画得很不错了,最拿手的是画竹子，要是不相信，你可以来我的宿舍看看。

我有一个理想，就是考中央美术学院的研究生，毕业以后回国教中国画儿。

回答问题 Answer the following questions

1. “我”是怎么开始学习中国画儿的？
2. 刚开始学习的时候，“我”的中国画儿画得怎么样？
3. “我”为什么要来中国？
4. “我”画什么最拿手？
5. “我”的理想是什么？

(十三) 语言交际 Language communication

1. 自由表达 Free talk

谈谈你们的周末是怎么过的。

Talk something about how do you spend your weekends

2. 完成任务 Fulfill the following tasks

这个周末，班里要组织一次活动。请你先了解一下去什么地方好，再给老师和同学们一个建议。

The class is going to go outing this weekend. Please find out a good place for it and give your teacher and classmates a suggestion.

3. 写作 Writing

练习写一个通知。

Practice writing a notice.

第5课 Lesson 5

终于找到同伴儿了

I have finally found my partner

一 课文 Text

(一) 在宿舍

(山本正在打电话订票)

售票员：您好，售票服务公司。

山　本：你好。我要订一张去西安的飞机票。

售票员：请问，您要订哪天的？

山　本：二十七号，下星期二的。

售票员：要什么时间的？

山　本：下午，最好晚一点儿。

售票员：4:50的可以吗？

山　本：可以。多少钱？

售票员：1020块。

山　本：听说你们公司最近有活动，机票全部打折。

售票员：没错儿。这就是八折的。

山　本：好吧。

售票员：先生，您的姓名是……

山　本：我叫山本信一。相信的"信"，一、二、三的"一"。英文是Yamamoto Shinichi。

售票员：您的护照号码是……

山　本：MS 1425367。

售票员：请您留一下儿地址和电话。

山　本：黄海路23号419房间，电话是84725560。

售票员：我们什么时候给您送票？

山　本：明天上午10点，可以吗？

售票员：放心吧，票一定会按时给您送去的。

山　本：谢谢，再见。

（二）在教室

（课间）

高　桥："十一"长假快到了，你有什么打算？

金美英：我想去旅游。

高　桥：我也想去，可是听说“黄金周”旅游的人越来越多，火车票、飞机票都很难买。

金美英：参加旅行团，怎么样？又便宜又方便。

高　桥：好主意！对了，你想去哪儿旅游？

金美英：听说杭州的西湖很美。

高　桥：俗话说“上有天堂，下有苏杭”嘛。我也想去那儿看看，还想去上海和南京玩儿玩儿。

金美英：咱们一块儿去吧，路上还可以互相照顾。

高　桥：好，我们选一家旅行社，明天就去报名。

金美英：太好了，终于找到同伴儿了。

二　常用句　Useful sentences

1. 我要订一张去西安的飞机票。
2. 没错儿。
3. 好主意！

三 生词 New words

1. 终于	zhōngyú	（副）	at last
2. 同伴儿	tóngbànr	（名）	companion
3. 售票员	shòupiàoyuán	（名）	ticket seller
4. 售	shòu	（动）	sell
5. 票	piào	（名）	ticket
6. 飞机	fēijī	（名）	airplane
7. 全部	quánbù	（名）	whole; all
8. 打折	dǎ zhé		discount
9. 相信	xiāngxìn	（动）	believe
10. 姓名	xìngmíng	（名）	surname and personal name
11. 留	liú	（动）	reserve
12. 地址	dìzhǐ	（名）	address
13. 按时	ànshí	（副）	on time
14. 假	jià	（名）	vacation
15. 黄金周	huángjīnzhōu	（名）	golden week
16. 越来越……	yuè lái yuè……		more and more
17. 火车	huǒchē	（名）	train
18. 团	tuán	（名）	group
19. 俗话	súhuà	（名）	common saying; proverb
20. 天堂	tiāntáng	（名）	paradise

21. 嘛	ma	（助）	modal particle
22. 一块儿	yíkuàir	（副、名）	together
23. 路上	lùshang	（名）	on the way
24. 互相	hùxiāng	（副）	each other
25. 照顾	zhàogù	（动）	look after
26. 选	xuǎn	（动）	choose
27. 旅行社	lǚxíngshè	（名）	travel agency
28. 城市	chéngshì	（名）	city
29. 民族	mínzú	（名）	nation
30. 游览	yóulǎn	（动）	go sight-seeing;tour
31. 寒假	hánjià	（名）	winter vacation
32. 著名	zhùmíng	（形）	famous
33. 轻松	qīngsōng	（形）	light; relaxed
34. 参观	cānguān	（动）	visit
35. 少数	shǎoshù	（名）	minority
36. 优美	yōuměi	（形）	graceful; fine; beautiful
37. 冰灯	bīngdēng	（名）	ice lantern
38. 放假	fàng jià		have a holiday or vacation
39. 古	gǔ	（形）	ancient; age-old
40. 古都	gǔdū	（名）	ancient capital
41. 兵马俑	bīngmǎyǒng	（名）	the entombed terracotta warriors
42. 石	shí	（名）	stone; rock
43. 松	sōng	（名）	pine

44. 首都	shǒudū	（名）	capital
45. 名胜	míngshèng	（名）	scenic spot
46. 古迹	gǔjì	（名）	historic site

专　名　Proper nouns

1. 西安	Xī'ān	the capital city of Shaanxi province
2. 黄海路	Huánghǎi Lù	name of a road
3. 十一	Shí-Yī	1st October; the National Day of China
4. 杭州	Hángzhōu	the capital city of Zhejiang province
5. 苏州	Sūzhōu	city in Jiangsu province
6. 西湖	Xī Hú	the West Lake
7. 上海	Shànghǎi	Shanghai
8. 南京	Nánjīng	the capital city of Jiangsu province
9. 黄山	Huáng Shān	mountain in Anhui province
10. 云南	Yúnnán	Yunnan (province)
11. 故宫	Gùgōng	the Imperial Palace
12. 颐和园	Yíhé Yuán	the Summer Palace
13. 天安门	Tiān'ānmén	Tian'anmen (square)
14. 长城	Chángchéng	the Great Wall

四 语言点 Language points

（一）基本句 Basic sentence patterns

越来越…… The structure of “越来越……”

表示程度随着时间的发展而变化。句式：

“越来越……” is used to denote to a steadily increasing extent or degree as time goes by. Sentence structure:

越来越	+	形容词 / （心理）动词
越来越	+	Adj. / （mentality）V

（1）天气越来越暖和。

（2）她的汉语水平越来越高。

（3）我越来越喜欢中国文化了。

▲ “越来越……”本身含有程度高的意思，因此句中不能再用程度副词。例如：

The structure of “越来越……” itself with the meaning of more and more can not be modified by an adverb of degree in the same sentence. For example:

（4）雨越来越大。（✕ 雨越来越非常大。）

（二）词语用法 Usages of words and phrases

1. 一块儿

“一起”的意思，用于口语。

It means “一起” and used in oral Chinese.

作副词，例如：Adverb. For example:

（1）咱们一块儿练习口语吧。

（2）别担心，我跟你一块儿去。

作名词，例如：Noun. For example:

爸爸，放心吧，我和朋友在一块儿呢。

2. 互相

副词。表示双方共同。例如：

“互相” is an adverb indicating reciprocal or mutual. For example:

(1) 我们是好朋友，应该互相帮助。

(2) 我们两个人互相介绍了自己的情况。

3. 终于

副词。表示经过种种变化或者较长时间的等待之后出现的情况。例如：

“终于” is an adverb with the meaning of eventually, finally or at last. For example:

(1) 天终于晴了。

(2) 她终于恢复健康了。

五 操练与交际 Practice and communication

(一) 语音 Phonetics

1. 辨音辨调 Distinguish initials, finals and tones

ànshí (按时)	kèjiān (课间)
ànshì (暗示)	kèjiàn (课件)
Huáng Shān (黄山)	Nánjīng (南京)
huāngshān (荒山)	lánjīng (蓝鲸)
huǒchē (火车)	Běijīng (北京)
huòchē (货车)	bèijǐng (背景)

Shànghǎi（上海） chéngshì（城市）
shānghài（伤害） chéngshí（诚实）

2. 多音节连读 Read the following multiple syllables in succession

fúwù gōngsī（服务公司）
shípǐn gōngsī（食品公司）
fúzhuāng gōngsī（服装公司）
láodòng gōngsī（劳动公司）

dìng fēijīpiào（订飞机票）
dìng huǒchēpiào（订火车票）
dìng diànyǐngpiào（订电影票）
dìng chuánpiào（订船票）

qù nǎr lǚyóu（去哪儿旅游）
qù nǎr xuéxí（去哪儿学习）
qù nǎr huàyàn（去哪儿化验）
qù nǎr cānguān（去哪儿参观）

zuìhǎo wǎn yìdiǎnr（最好晚一点儿）
zuìhǎo gāo yìdiǎnr（最好高一点儿）
zuìhǎo kuài yìdiǎnr（最好快一点儿）
zuìhǎo duō yìdiǎnr（最好多一点儿）

（二）朗读 Read aloud

1. 朗读下列短语 Read the following phrases aloud

终于好了	有同伴儿	越来越慢	大城市
终于来了	找同伴儿	越来越漂亮	这个城市
终于知道了	同伴儿很多	越来越喜欢	漂亮的城市
终于有同伴儿了	照顾同伴儿	越来越不干净	住在城市里

2. 朗读下列句子，注意语调。
Read the following sentences and pay attention to the tones.

（1）放心吧，票一定会按时给您送去的。

（2）放心吧，手续一定会按时给您办好的。
（3）放心吧，我们一定会按时到的。
（4）放心吧，他们一定会按时参加的。
（5）太好了，终于找到同伴儿了。
（6）太好了，终于找到辅导老师了。
（7）太好了，终于找到银行了。
（8）太好了，终于找到照相机了。

（三）从本课生词表中选择恰当的词语填空

Fill in the blanks with the words in the vocabulary of this lesson

1. 我订了一张回国的飞机________，明天去取。
2. 听说很多商店都在________，下午我们去逛逛吧。
3. 我________你一定能学好汉语，加油！
4. 回去以后要注意休息，________吃药，多喝开水。
5. 西湖的风景非常________。
6. 我们学习的课文________难。
7. 明天我要跟爱米________参加一个晚会。
8. 在回家的________，他们一边走一边聊。
9. 同学们________学习，________帮助，进步很快。
10. 晚上，她还要________有病的妈妈，非常辛苦。
11. 我________在一家书店买到了这本词典。
12. 考完试了，大家都觉得很________。
13. 云南省有 20 多个________民族。
14. 我想周末去游览游览故宫、颐和园等________。
15. 很遗憾，我忘了问他家的________了。
16. 最近我认识了一位________的画家。
17. 寒假作业________写完了，我很高兴。
18. 马上要________了，你有什么打算？
19. ________时候，山上住着一位老人和他的儿子。

(四) 用下列生词组成短语

Make phrases by using the following words

1. 著名______ 2. 相信______ 3. 按时______

4. 一块儿______ 5. 照顾______ 6. 互相______

7. ______轻松 8. 参观______ 9. 游览______

10. 少数______

(五) 替换 Substitutions

1

参观的人	多
我们学的生词	难
她的汉语水平	高
那个孩子	漂亮
这条街	热闹

旅游的人越来越多了。

2

我越来越喜欢学习汉语。

他	关心我
她	怕考试
我	了解他
他	爱踢足球
孩子	明白妈妈的心

3

留	姓名	地址
写	地址	电话
说	电话	地址
记	时间	地点
介绍	活动的目的	计划

请您留一下儿地址和电话。

终于<u>找</u>到<u>同伴儿</u>了。

4

走	学校
买	这本词典
看	那个电影
找	我的眼镜
借	这本小说

(六) 模仿 Imitation

1. *A*：要什么时间的？
   B：下午，最好晚一点儿。

   A：要____________的？
   B：____________，最好____________。

2. *A*：听说有打折票？
   B：这就是八折的。

   A：听说有打折____________？
   B：这就是____________的。

3. *A*：明天上午10:00，可以吗？
   B：放心吧，票一定会按时给您送去的。

   A：____________，可以吗？
   B：放心吧，____________会按时给您____________的。

4. *A*：“十一”长假快到了，你有什么打算？
   B：我想去旅游。

   A：____________快到了。你有什么____________？
   B：我想____________。

5. A：咱们一块儿去旅游吧，还可以互相照顾。

B：太好了。

A：咱们＿＿＿＿＿＿＿＿吧，还可以＿＿＿＿＿＿＿＿。

B：太好了。

(七) 连词成句 Make sentences by linking the following words

1. 一些　给　寄　了　我　妈妈　照片　去

＿＿＿＿＿＿＿＿＿＿＿＿＿＿＿＿

2. 进　他　走　了　房间　已经

＿＿＿＿＿＿＿＿＿＿＿＿＿＿＿＿

3. 得　山本　不如　高桥　快　游

＿＿＿＿＿＿＿＿＿＿＿＿＿＿＿＿

4. 去　了　下午　一趟　我　今天　银行

＿＿＿＿＿＿＿＿＿＿＿＿＿＿＿＿

5. 进　歌　走　着　孩子们　公园　唱

＿＿＿＿＿＿＿＿＿＿＿＿＿＿＿＿

(八) 改错 Correct the mistakes in the following sentences

1. 来中国以后，她一回听过音乐会。

＿＿＿＿＿＿＿＿＿＿＿＿＿＿＿＿

2. 我不知道用英语写或者用汉语写。

＿＿＿＿＿＿＿＿＿＿＿＿＿＿＿＿

3. 我是在北京学了汉语。

＿＿＿＿＿＿＿＿＿＿＿＿＿＿＿＿

4. 她打排球得确实很好。

＿＿＿＿＿＿＿＿＿＿＿＿＿＿＿＿

5. 爱米是昨天下午去邮局的取钱。

＿＿＿＿＿＿＿＿＿＿＿＿＿＿＿＿

6. 山本是去年九月来中国。

____

7. 大卫在食堂吃的晚饭了。

____

8. 丁老师刚走进教室,我们开始就上课了。

____

9. 她写汉字已经非常漂亮了。

____

10. 美英已经买了回生日蛋糕。

____

(九) 用“越来越……”完成句子

Complete the following sentences with 越来越……

1. 冬天到了，天气______________________________。
2. 我们学习的生词______________________________。
3. 来这儿参观游览的人______________________________。
4. 半年过去了，他的汉语______________________________。
5. 这个城市很干净，也很漂亮，我______________________________。

(十) 给下列句子填上合适的量词

Fill in the following blanks with appropriate measure words

1. 吃午饭以前，我先去了一________银行。
2. 医生告诉她，这种药一天吃三________，每次吃两________。
3. 这两天肚子不太舒服，一________饭只吃一点点。
4. 刚来中国的时候，我只会说几________汉语。
5. 服务员给我们拿来了一________茶。
6. 他们点了一________糖醋鱼，还点了一________麻婆豆腐。

（十一）完成句子 Complete the following sentences with the words in the brackets

1. 咱们______________________________，怎么样？（一块儿）
2. 今天，我______________________________。（终于）
3. 放心吧，他会______________________________的。（按时）
4. 你看，雪______________________________。（越来越……）
5. 我（的）汉语______________________________流利。（不如）
6. 我骑车去______________________________。（或者）
7. 我觉得______________________________。（挺）
8. 他______________________________。（是……的；毕业）
9. 他汉语说______________________________。（得）
10. 天气这么好，____________________，我们去散散步吧。（再说）

（十二）根据实际情况回答问题 Answer the following questions

1. 你订过飞机票吗？
2. 你买过打折的飞机票吗？
3. 你坐飞机回国要花多少钱？
4. 你游览过你生活的这个城市吗？
5. 你打算去中国的哪些地方旅游？
6. 你打算一个人去还是跟朋友一块儿去？
7. 你打算参加旅行团吗？为什么？

（十三）完成会话 Complete the following dialogues

1. 打折 Discount

高　桥：美英，下午有空儿吗？

美　英：__________。

高　桥：“十一”__________，听说很多商店都在__________。

美　英：真的？

高　桥：当然是真的。要是你有兴趣，__________逛逛怎么样？

美　英：好哇。__________？

高　桥：看你的时间。

美　英：__________了__________就去吧。

高　桥：好的。

2. 谈旅行　Talk about a journey

爱　米：大卫，__________快到了，你__________？

大　卫：我想去看看西安的__________。你呢？

爱　米：太好了，我对中国的历史和文化非常__________，西安的__________很多，我也想去。

大　卫：那我们一块儿去吧。

爱　米：太好了。有个__________，路上还可以__________。

大　卫：我们坐飞机去怎么样？又__________又__________。

爱　米：行。不过，听说“黄金周”旅游的人__________，我们早点儿买票吧。

大　卫：没错儿，我现在就打电话__________。

（十四）功能会话　Functional communications

1. 同意　Agree

A：“十一”长假，我想去旅游。

B：我也想去，可是“黄金周”旅游的人越来越多。

A：确实是。飞机票很难买。

B：要是打算去旅游，就早点儿买票。

A：没错儿。

2. 改变话题 Change the topic

A：你能不能给我介绍一个中国朋友？我想练习练习口语。

B：没问题。

A：对了，我还有一件事儿……

B：有什么事儿你就说，别不好意思。

3. 计划 Make a plan

A：快放寒假了，你打算去哪儿玩儿？

B：还没想好，你呢？

A：哪儿风景优美我就去哪儿。

B：云南你已经去过了，冬天去哈尔滨（Hā'ěrbīn）吧。

A：是个好主意，可以去看冰灯。

B：我跟你一起去。

4. 解释 Explanation

A：这次放假打算去什么地方旅游？

B：听说苏州和杭州的风景特别美。

A：是啊，"上有天堂，下有苏杭"嘛。

B：什么意思？

A：就是说天上最美的地方是天堂，地上最美的地方是苏州和杭州。

（十五）阅读 Reading comprehension

我们要去旅行

"十一"长假快到了，大家都很高兴，很多同学准备去旅游。

爱米对中国历史和文化越来越感兴趣，她想去中国的古都西安看看，参观世界著名的兵马俑。她打算坐飞机去，又快又轻松，这样四天时间就够了。玛丽亚想跟爱米一起去，爱米很高兴，有个同伴儿，路上可以互相照顾。

中国有许多漂亮的地方。听说黄山的石、云、松，还有杭州的西湖，都非常美，高桥和美英他们很想去游览游览。但是“黄金周”火车票、飞机票都很难买，高桥和美英决定参加旅行团，这样比较方便。

安志永没去过北京，他想跟大卫一块儿坐火车去中国的首都，游览天安门、故宫、颐和园和长城等名胜古迹。

山本早就知道中国有很多少数民族，他非常想了解他们的生活情况。听说云南是少数民族最多的地方，山本一直想去那儿看看。现在终于有机会了，他特别高兴。可是旅行时间很长，一个人去没有意思，朋友建议山本参加旅行社的“云南七日游”活动，山本觉得这是个好主意。

旅游时可以练习汉语，还可以了解中国人的生活，了解中国的历史和文化，确实是一次学习的好机会。

1. 选择正确答案 Choose the best answers

(1) 爱米为什么去西安旅游?

A. 她喜欢坐飞机

B. 她喜欢跟玛丽亚一起去

C. 她喜欢中国历史和文化

D. 因为去西安四天就够了

(2) 高桥和美英为什么决定参加旅行团?

A. 他们想看看中国的山山水水和漂亮的城市

B. 旅行团人多，热闹

C. 两个人去没有意思

D. 飞机票不好买

(3) 山本为什么想参加旅行社的“云南七日游”活动?

A. 云南很远

B. 旅行时间很长

C. 旅行时间很长，一个人去没有意思

D. 这是一个好机会

2. 为什么说旅游是学习的好机会？
Why do you think travel is a good chance to learn?

(十六) 语言交际 Language communication

1. 自由表达 Free talk

谈谈你假期的旅游计划。

Talk about your travel plan for your vocation.

2. 完成任务 Fulfill the following tasks

向同学介绍本地的名胜古迹或者有名的自然风景。（你可以查阅旅行手册、问中国朋友或老师等。）

Introduce a scenic spots or a historic site to your classmates. (You may consult a tourist guide book or ask your Chinese friend or teacher.)

你取包裹我寄信

You pick up the parcel and I post the letter

第6课 Lesson 6

一 课文 Text

（一）上课前

爱　米：木村，你的包裹单！是日本寄来的。

木　村：谢谢。我太太怕我生活不习惯，给我寄过来一些吃的。

爱　米：真的吗？你刚来一个星期呀。你太太对你真好！

木　村：是啊。爱米，你对这儿的生活习惯了吗？

爱　米：还没完全习惯。有的时候很寂寞，想念爸爸妈妈。

木　村：多交几个朋友就不想家了。对了，我还不知道去哪儿取包裹呢。

爱　米：去邮局呀！离学校很近。

木　村：怎么走呢？

爱　米：我正好要去寄封信，下了课一起去吧。

（二）在邮局

（在一个窗口前）

营业员：您好！

爱　米：你好，我们要取包裹。

营业员：请给我包裹单和证件。

木　村：这是我的护照。

营业员：请等一下儿。

爱　米：（对木村）你在这儿等我吧，我去寄信。

（在另一窗口）

爱　米：请问，我要往美国寄信，多少钱？

营业员：平信六块。

爱　米：我的信里有几张照片。

营业员：我看一下儿，超重了，要贴九块六的邮票。

爱　米：顺便问一下儿，这封信从这儿到美国要多长时间？

营业员：大概十天吧。

（木村走过来）

木　村：爱米，我的包裹没到。

爱　米：什么？真的？

木　村：跟你开玩笑的。取出来了，回去请你品尝品尝。

爱　米：这么大的箱子？我真有口福啊！

二　常用句　Useful sentences

1. 真的吗？
2. 什么？真的？
3. 你好，我们要取包裹。
4. 往美国寄信多少钱？
5. 要贴九块六的邮票。

三 生词 New words

1. 包裹	bāoguǒ	（名）	package; parcel
2. 过来	guòlái	（动）	come over
3. 完全	wánquán	（副）	complete; whole
4. 寂寞	jìmò	（形）	lonely
5. 想念	xiǎngniàn	（动）	miss
6. 邮局	yóujú	（名）	post office
7. 封	fēng	（量）	measure word (for letter, etc.)
8. 信	xìn	（名）	letter
9. 窗口	chuāngkǒu	（名）	window; wicket
10. 证件	zhèngjiàn	（名）	credentials
11. 另	lìng	（代）	other
12. 平信	píngxìn	（名）	ordinary letter
13. 超重	chāozhòng	（动）	overload; overweight
14. 贴	tiē	（动）	paste; stick
15. 邮票	yóupiào	（名）	stamp
16. 顺便	shùnbiàn	（副）	conveniently; in passing
17. 从……到……	cóng……dào……		from... to...
18. 开玩笑	kāi wánxiào		joke; make fun of
19. 品尝	pǐncháng	（动）	taste
20. 箱子	xiāngzi	（名）	chest; box
21. 口福	kǒufú	（名）	the luck to eat sth. delicious

22. 磁带	cídài	（名）	tape
23. 试	shì	（动）	try
24. 小伙子	xiǎohuǒzi	（名）	lad; young fellow
25. 站	zhàn	（动）	stand
26. 信封	xìnfēng	（名）	envelope
27. 修	xiū	（动）	repair; fix
28. 摔	shuāi	（动）	fall; cause to fall and break
29. 杂志	zázhì	（名）	magazine
30. 小心	xiǎoxīn	（动）	be careful; careful
31. 半天	bàntiān	（名）	half of the day; a long time
32. 一见钟情	yí jiàn zhōng qíng		fall in love at first sight
33. 提	tí	（动）	carry in one's hand with the arm down; put forward
34. 渴	kě	（形）	thirsty
35. 倒	dǎo	（动）	fall; topple
36. 纸	zhǐ	（名）	paper
37. 伞	sǎn	（名）	umbrella
38. 照相机	zhàoxiàngjī	（名）	camera
39. 掉	diào	（动）	drop
40. 起来	qǐlái	（动）	stand up; rise
41. 盖儿	gàir	（名）	lid; cover
42. 坏	huài	（动、形）	go bad; bad; evil
43. 饮料	yǐnliào	（名）	beverage
44. 忽然	hūrán	（副）	suddenly

四 语言点 Language points

(一) 基本句 Basic sentence patterns

1. 复合趋向补语 The compound complement of direction

趋向动词“上、下、进、出、回、过、起”与“来、去”组合，放在其他动词后做补语，表示动作的方向，这种补语叫做复合趋向补语。

The transitional event verbs “上，下，进，出，回，过，起” together with “来，去” after the other verbs used as complement denotes the direction of an action and this kind of complement is called compound complement of direction.

它们的组合形式见下表：

The Chart of Combination of Verbs Direction

	上	下	进	出	回	过	起
来	上来	下来	进来	出来	回来	过来	起来
去	上去	下去	进去	出去	回去	过去	

(1) 包裹取出来了。

(2) 孙明还没爬上去呢。

▲ 宾语是表示处所的词语时，“来”和“去”必须在宾语的后边。例如：

When the element of the object denotes a location, “来” and “去” is usally placed after the object. For example:

(3) 金美英已经走进教室去了。 (✕ 金美英已经走进去教室了。)

2. 从……到…… The structure of “从……到……”

既可表示时间、处所从起点到终点，也可表示人、物、数量等的范围。例如：

“从……到……” means “from…to…” which can denote from a place to a place, from time to time, from people to peple, from things to things and from number to number. For example:

(1) 从 8 点到 12 点上课。

(2) 从这儿到学校要走多长时间？

(3) 从孩子到老人都喜欢这支歌。

(二) 词语用法 Usages of words and phrases

1. 封

名量词。一般用于信件等用纸袋装的东西。例如：

“封”, a measure word, is usally used to define a letter or something that is enclosed in an evelope. For example:

(1) 他昨天去邮局寄了两封信。

(2) 我收到了朋友寄来的一封快件。

2. 顺便

副词。利用做某事的方便（做另一事）。例如：

“顺便”, adverb, is used to indicate to take the advantages of the convenience of doing something (to do other things). For example:

(1) 我去上海出差，顺便看了看朋友。

(2) 你去邮局寄包裹的时候，顺便帮我买几个信封吧。

(3) 下班回家的时候，他顺便去了一趟市场。

五 操练与交际 Practice and communication

(一) 语音 Phonetics

1. 辨音辨调 Distinguish initials, finals and tones

bāoguǒ（包裹） yóujú（邮局）
bāokuò（包括） yǒuqù（有趣）

xiāngzi（箱子） xiǎoxīn（小心）
xiàngzi（巷子） xiàoxīn（孝心）

zázhì（杂志） xìnfēng（信封）
zájì（杂技） xìnfèng（信奉）

cídài（磁带） pǐncháng（品尝）
cídiǎn（词典） píngcháng（平常）

2. 多音节连读 Read the following multiple syllables in succession

jì bāoguǒ（寄包裹） zhàoxiàngjī（照相机）
jì píngxìn（寄平信） lùyīnjī（录音机）
jì xiāngzi（寄箱子） xǐyījī（洗衣机）
jì dōngxi（寄东西） shèxiàngjī（摄像机）

tiē yóupiào（贴邮票） xiūle bàntiān（修了半天）
tiē tōngzhī（贴通知） zhǎole bàntiān（找了半天）
tiē guǎnggào（贴广告） xiūxile bàntiān（休息了半天）
tiē dìtú（贴地图） dānwule bàntiān（耽误了半天）

(二) 朗读 Read aloud

1. 朗读下列短语 Read the following phrases aloud

走过来	看证件	买磁带	试一试
拿过来	找证件	听磁带	试一下儿
跑过来	没有证件	借磁带	想试了
踢过来	重要证件	磁带坏了	试试这件衣服

2. 朗读下列句子，注意语调
Read the following sentences and pay attention to the tones

(1) 往美国寄信，多少钱？
(2) 往日本寄信，多少钱？
(3) 往韩国寄信，多少钱？
(4) 往北京寄信，多少钱？
(5) 你太太对你真好！
(6) 朋友对我真关心！
(7) 我真有口福啊！
(8) 她真有钱哪！

(三) 从本课生词表中选择恰当的词语填空
Fill in the blanks with the words in the vocabulary of this lesson

1. 昨天姐姐给我打来了一个电话，说给我寄过来一个______。
2. 今天老师讲的课文我________听懂了。
3. 我给朋友寄去了一________信，邀请他来中国旅游。
4. 他这个人非常喜欢跟别人________。
5. 你去书店的时候，________帮我买本汉英词典好吗？
6. ________宿舍楼________教学楼大概走 5 分钟左右。
7. 她跟那个小伙子________，两个人很快就结婚了。

8. 刚才还是晴天，这会儿________下雨了。

9. 他连忙站________，说："请进，请坐。"

10. 谢谢。我不________，你自己喝吧。

11. 我听天气预报了，今天没有雨，不用带________了。

12. 这件衣服的样子很漂亮，你________一下儿吧。

13. 一个人在国外生活，有时候会觉得______，会______家人。

14. 我的录音机________了，你帮我________一下儿吧。

15. 这信封为什么没________邮票。

16. 请1188号到6号________。

（四）用下列生词组成短语

Make phrases by using the following words

1. 修______ 2. 品尝______ 3. ______寂寞

4. 想念______ 5. 摔______ 6. 完全______

7. 杂志______ 8. 小心______ 9. 贴______

10. ______半天

（五）替换 Substitutions

1

书	借
美元	换
词典	买
东西	送
生日蛋糕	拿

A：包裹取回来了吗？

B：取回来了。

A：你太太给你寄过来什么？
B：我太太给我寄过来一些吃的。

2

妈妈	寄过来	衣服
朋友	寄过来	照片
姐姐	寄回来	杂志
她	买回来	水果
小王	拿过来	磁带
爱米	带回来	历史书

3

跑回来
走出去
爬上去
跑下来
游过去

金美英已经走进去了。

4

跑回	操场
走出	图书馆
爬上	山顶
跑下	楼
游过	河

金美英已经走进教室去了。

5

这儿	东京
这个地方	那儿
学校	邮局
你家	医院
公司	那家银行

从这儿到美国要多长时间？

(六) 模仿 Imitation

1. A：有的时候想念爸爸妈妈。
   B：多交几个朋友就不想家了。

   A：有的时候________________。
   B：________________就不________________了。

2. A：我还不知道去哪儿取包裹呢。
   B：去邮局呀！离学校很近。

   A：我还不知道去哪儿________________呢。
   B：去________________！离________________很近。

3. A：去邮局怎么走呢？
   B：我正好要去寄封信，下了课一起去吧。

   A：去________________怎么走呢？
   B：我正好要去________________，________________。

4. A：跟你开玩笑的。取出来了，回去请你品尝品尝。
   B：我真有口福啊！

   A：跟你开玩笑的。________________了，回去请你________________。
   B：我真________________啊！

(七) 把下列各行词语组成带复合趋向补语的动宾短语

Make compound complement of direction with the words and phrases on each line

走进来	餐厅
带回来	一些水果
拿出来	一本词典
寄回去	几件衣服
走上去	楼
搬出去	宿舍楼

(八) 比较下列句子，注意它们的不同 Compare the following sentences and pay attention to the differences

1. 他进去了。
   他走进去了。
   他进教室去了。
   他走进教室了。
   他走进教室去了。

2. 那个孩子上去了。
   那个孩子跑上去了。
   那个孩子上山去了。
   那个孩子跑上山了。
   那个孩子跑上山去了。

(九) 改错 Correct the mistakes in the following sentences

1. 从这儿离北京很远。
   ____
2. 照片已经寄回去韩国了。
   ____
3. 他想寄一封信往日本。
   ____
4. 哥哥已经走进去图书馆了。
   ____
5. 山本还没走公园出去呢。
   ____
6. 我一直在教室从 10 点到 12 点学习。
   ____

(十) 根据说话人的位置，用复合趋向补语完成下列句子 According to the location of the speaker, complete the following sentences with a compound complement of directiont

1. 爱米想给妈妈寄________________一些中国茶。（“爱米”在中国）
2. 安志永背着书包走____________________了。（说话人在教室外）
3. 山本已经爬____________________了。（说话人在山上）
4. 你看，大卫已经走____________________了。（说话人在楼下）

5. 姐姐说她晚上给我______好吃的点心。（“我”在家里）

6. 他往路那边跑______了。（说话人在路这边）

（十一）完成会话 Complete the following dialogue

1. 寄书 Posting books

玛丽亚：先生，我要______书。

营业员：______寄？

玛丽亚：往俄罗斯寄。

营业员：来，我看看，………

玛丽亚：顺便问一下儿，从______到______要多长时间？

营业员：大概______吧。

玛丽亚：谢谢。

营业员：一共______。

玛丽亚：给你钱，正好。

2. 取回包裹 Getting a parcel

美　英：山本，去哪儿了？

山　本：去______了。

美　英：怎么这么高兴？

山　本：有好吃的，当然______了。

美　英：真的？什么好吃的东西？

山　本：我妈妈______，我刚从邮局取回来。走，去我那儿______。

美　英：我太有______了。

（十二）功能会话 Functional communications

意外 Unexpected event

1. A：小王，小张马上就要结婚了。

B：什么？真的吗？他跟那个女孩儿刚认识两个月。

A：这就叫“一见钟情”。

2. A：爱米，山本昨天回国了。

B：真的？怎么回事？

A：他家里来电话说，他妈妈病了。

(十三) 阅读 Reading comprehension

你能帮我修修吗？

爱米下个星期要回国。今天她收拾了一下东西，打算先去邮局寄一个箱子。邮局离学校不太远，她决定走着去。吃了午饭，爱米就提着箱子出发了。

天气很热，箱子也有点儿重，她觉得又渴又累。刚想放下箱子，买瓶水喝，休息一下儿，可是不小心摔倒了。箱子里的词典、杂志、纸、信封、伞、磁带、照相机什么的都掉了出来。

爱米收拾好这些东西，站起来要走，可是箱子盖儿摔坏了。怎么办？她很着急。这时候，一个小伙子走过来，问她：“小姐，怎么了？”爱米不好意思地说：“你能帮我修修这个箱子吗？”小伙子热情地说：“好，我试试吧。”他修了半天，真的修好了。

爱米非常感谢他，想请他喝杯饮料，可是小伙子说：“别客气，我还有事，再见吧。”小伙子走了以后，爱米才忽然想到忘了问他叫什么了。

1. 根据短文连线

Link the following collocations by lines according to the passage above

有点儿	一杯饮料
箱子	摔倒了
不小心	着急
喝	小伙子
热情的	坏了

2. 回答问题 Answer the following questions

(1) 爱米去邮局干什么？

(2) 爱米为什么走着去？

(3) 爱米为什么想休息一下儿？

(4) 谁帮爱米修好了箱子？

(5) 爱米忘了什么事？

(十四) 语言交际 Language communication

1. 自由表达 Free talk

(1) 谈谈你去邮局取包裹的情况。

Say something about getting parcels.

(2) 谈谈你去邮局寄信的情况。

Say something about posting letters.

2. 完成任务 Fulfill the following tasks

(1) 去邮局询问往你们国家寄信多少钱、多长时间能到。

Enquire how much it costs you and how long it will take if you post a letter to your country.

(2) 请用汉语的格式给老师写一封短信，包括信封。

Write a letter to your teacher according to the Chinese letter writing form and address the evelope.

(3) 请填写下页的包裹单。

Please fill in the following form for posting a parcel at the next page.

EMS 全球邮政特快专递

国际特快专递邮件详情单

EB069642344CN

收寄局/ORIGINAL OFFICE

收寄日期/POSTING DATE & TIME
年Y 月M 日D 时H

寄件人/FROM

电话(非常重要)/PHONE(VERY IMPORTANT)

城市/CITY 国家/COUNTRY

公司/COMPANY

地址/ADDRESS

邮政编码/POSTAL CODE 用户编码/CUSTOMER CODE

CN22 □文件资料 DOCUMENT □物品 PARCEL

如系包裹，请务必填写CN23报关单及提供商业发票或形式发票并用英文详细填写以下栏目
FOR PARCEL, PLEASE FILL IN THE DECLARATION FORM CN23, PROVIDE COMMERCIAL INVOICE OR PROFORMA INVOICE AND CAREFULLY COMPLETE THE ITEMS BELOW IN ENGLISH

内件品名及详细说明 NAME & DESCRIPTION OF CONTENTS	件数 NO OFPCS	重量 WEIGHT	申报价值 DECLARED VALUE	原产地 ORIGIN
		千克/KG	美元/USD	

我保证上述申报内容真实及本快件内未夹寄禁寄和危险物品
I ASSURE THE TRUTH OF THE ABOVE DECLARATION AND I GUARANTEE THAT THE SHIPMENT DOES NOT CONTAIN ANY DANGEROUS AND PROHIBITED GOODS

交寄人签名/SENDER'S SIGNATURE

收件人/TO

城市/CITY 国家(地区)/COUNTRY(REGION)

公司/COMPANY

地址/ADDRESS

邮政编码/POSTAL CODE 电话(非常重要)/PHONE(VERY IMPORTANT)

体积/VOLUME
长L ×高H ×宽W = 立方厘米 /cm^3

总重量/TOTAL WEIGHT
千克/KG

资费/CHARGE
¥

其它费用/ADD CHARGE
¥

费用总计/TOTAL CHARGE
¥

收寄人员签名/ACCEPTED BY(SIGNATURE)
Y年 M月 D日

收件人签名/RECEIVER'S NAME
Y年 M月 D日 H时 M分

EB069642344CN

第7课
Lesson 7

有什么事我可以转告

Do you have any message I can pass on for you

一 课文 Text

(一) 打电话

爱 米：喂，您好！请问，李小兰在吗？
× ×：李小兰？这儿没这个人哪。
爱 米：请问，您的电话是82550749吗？
× ×：不是，你打错了！
爱 米：不好意思，我可能拨错号了，打扰了。

（重新拨号）

李书文：喂，您好！

爱　米：您好，麻烦您找李小兰听电话。

李书文：小兰不在，你哪位？

爱　米：我是她朋友爱米，您是……？

李书文：我是小兰的父亲。

爱　米：哦，李叔叔，您好！请问小兰什么时候回来？

李书文：她下午就出去了，说是跟老师商量摄影展览的事儿，应该快回来了。

爱　米：我刚才给她打手机，没人接，给她发了短信，她也没回。

李书文：可能没听到吧。你有什么事吗？我可以转告她。

爱　米：是这样的，她的那篇文章我已经翻译成英文了，如果有时间的话，就请她来拿吧。

李书文：好的，我听清楚了，还有别的事情吗？

爱　米：没有了，谢谢您！再见！

李书文：再见！

(二) 在教师办公室

大　卫：张老师，您好！丁文老师在吗？

张　云：他刚出去，你找他有事儿吗？

大　卫：有点儿急事。等丁老师回来，麻烦您转告他给我打个电话，好吗？

张　云：行，你的电话号码是……

大　卫：13987654321。

张　云：对不起，请你再说一下儿。……好的，我记住了。

大　卫：您千万别忘了告诉丁老师，我等他的电话。

张　云：放心吧，丁老师一回来，我就告诉他。

大　卫：谢谢您，再见。

张　云：再见。

二 常用句 Useful sentences

1. 不好意思，打扰了。
2. 我可以转告她。
3. 麻烦您转告他给我打个电话。
4. 对不起，请你再说一下儿。
5. 您千万别忘了。

三 生词 New words

1. 转告	zhuǎngào	（动）	pass on
2. 可能	kěnéng	（形、名、副）	possible; maybe
3. 拨	bō	（动）	dial; move with hand
4. 打扰	dǎrǎo	（动）	put sb. in to trouble; bother sb.
5. 重新	chóngxīn	（副）	again
6. 父亲	fùqin	（名）	father
7. 出去	chūqù	（动）	go out
8. 摄影	shèyǐng	（动）	take a photograph; shoot a film
9. 展览	zhǎnlǎn	（名、动）	exhibition; exhibit
10. 应该	yīnggāi	（助动）	should; ought to
11. 手机	shǒujī	（名）	mobile phone
12. 接	jiē	（动）	take hold of; answer (the phone)
13. 发	fā	（动）	send out
14. 短信(息)	duǎnxìn (xī)	（名）	short message
15. 文章	wénzhāng	（名）	article; essay; paper; writtings
16. 成	chéng	（动）	accomplish; complete result
17. 如果	rúguǒ	（连）	if
18. ……的话	……dehuà	（助）	if
19. 别的	biéde	（代）	other; else

20. 事情	shìqing	(名)	affair; matter
21. 记	jì	(动)	write down; remember
22. 千万	qiānwàn	(副)	must
23. 挑	tiāo	(动)	select; pick
24. 意义	yìyì	(名)	meaning
25. 数字	shùzì	(名)	figure; number
26. 碰	pèng	(动)	touch; run into
27. 尾数	wěishù	(名)	mantissa
28. 奇怪	qíguài	(形)	unusual; strange
29. 可怕	kěpà	(形)	dreadful; terrible
30. 相同	xiāngtóng	(形)	identical
31. 吉利	jílì	(形)	lucky; auspicious
32. 倒霉	dǎoméi	(形)	have bad luck
33. 字	zì	(名)	word; character
34. 音	yīn	(名)	sound
35. 不同	bù tóng		different
36. 地区	dìqū	(名)	area; district
37. 日历	rìlì	(名)	calendar
38. 色	sè	(名)	color
39. 说法	shuōfa	(名)	wording; way of saying a thing
40. 外国	wàiguó	(名)	foreign country
41. 售货员	shòuhuòyuán	(名)	shop assistant
42. 关系	guānxi	(名)	relation

43. 发财	fā cái		get rich
44. 同	tóng	（形）	same

专　名　Proper nouns

1. 李书文	Lǐ Shūwén	name of a person
2. 西方	Xīfāng	the West

四 语言点　Language points

(一)基本句　Basic sentence patterns

1. 结果补语(2)　The complement of result (2)

“住、清楚、会、给、成”等作结果补语。

“住，清楚，会，给” and “成” can be used as the complement of result.

“住”表示通过动作结束或固定。例如：

“住” is used to denote the completeness and immobility of an action. For example:

(1) 忽然，车停住了。

(2) 那些生词你记住了没有？

“清楚”表示通过动作使事物容易辨认和明白。例如：

“清楚” denotes to grasp or comprehend the meaning intended or expressed by (another). For example:

(1) 放心吧，我听清楚了。

(2) 这件事你一定要了解清楚。

"会"表示通过学习懂得怎样做或有能力做。例如：

"会" denotes to learn to get to know how to do something or be able to do something by learning. For example:

(1) 我已经学会做中国菜了。

(2) 不难，我都看会了。

"给"引出动作的对象。例如：

给 is used to introduce the object of an action. For example:

(1) 那本词典我送给大卫了。

(2) 他借给我几本中文书。

"成"表示事物因动作而发生变化或目的的实现。例如：

"成" means to turn into, to become of, or to accomplish something desired or intended. For example:

(1) 他用两年的时间写成了这本小说。

(2) 那篇课文他已经翻译成英文了。

2. 如果……（的话），就……

The structure of "如果……（的话），就……"

用于假设复句。"如果"提出一种假设，"就……"说明在这种假设下会出现的结果。例如：

"如果……（的话），就……" is used in a complex sentence of hypothesis. "如果" is used to introduce the antecedent of a conditional statement, and "就" indicates the result of such a hypothesis. For example:

(1) 你如果有时间，就来参加晚会吧。

(2) 如果明天下雨的话，我们就不去爬山了。

(3) 如果你想家了，就给家里打个电话。

(二) 词语用法 Usages of words and phrases

1. 可能

作形容词。表示能成为事实的。例如：

An adjective word, means possible, or likely to happen or to be true. For example:

(1) 我看这是不可能的事情。

(2) 这可能吗？

作名词。表示能成为事实的情况；可能性。例如：

A noun, the state of being probable; probability. For example:

(3) 他不在家，只有两种可能，一种是去打棒球了，一种是去游泳了。

作副词。表示估计；大概。例如：

An adverb,means likely or probably. For example:

(1) 他可能去银行了。

(2) 可能要下雨了，快走吧。

2. 应该

助动词。表示事理上必须这样。例如：

An auxiliary verb, used to express obligation or duty. For example:

(1) 我们应该努力学习。

(2) 你这样做是不应该的。

表示估计情况当然是这样。例如：

Used to indicate logical probability or presumptive certainty. For example:

(3) 她一直很努力，考大学应该没问题。

(4) 我们约好 12 点见面，他应该快到了。

3. 千万

副词。“一定”的意思，表示恳切叮咛。用于祈使句，后边常有“要”、“不要”、“别”等词语。例如：

An adverb,means be sure, by all means, denotes earnestly urging again and again and is often used in a imperative sentence. It is often followed by the words like “要”, “不要”, “别” and etc. For example:

(1) 路上千万要小心。

(2) 你千万别忘了。

五 操练与交际 Practice and communication

(一) 语音 Phonetics

1. 辨音辨调，注意轻声。

Distinguish initials, finals and tones and pay attention to the neutral tones.

qíguài（奇怪）　　xiāngtóng（相同）

qínkuai（勤快）　　xiāngtōng（相通）

rìlì（日历）　　yìyì（意义）

yìlì（毅力）　　yíyì（疑义）

guānxi（关系）　　bù tóng（不同）

guānxīn（关心）　　pǔtōng（普通）

fā cái（发财）　　jílì（吉利）

fā pái（发牌）　　jìnlì（尽力）

2. 多音节连读 Read the following multiple syllables in succession

duōyīnzì（多音字）	dōngbù dìqū（东部地区）
duōyìzì（多义字）	xībù dìqū（西部地区）
tóngyīnzì（同音字）	běibù dìqū（北部地区）
fántǐzì（繁体字）	bùtóng dìqū（不同地区）
fā duǎnxìn（发短信）	qíguài de shùzì（奇怪的数字）
shōu duǎnxìn（收短信）	jílì de shùzì（吉利的数字）
xiě duǎnxìn（写短信）	yǒuqù de shùzì（有趣的数字）
kàn duǎnxìn（看短信）	nán jì de shùzì（难记的数字）

（二）朗读 Read aloud

1. 朗读下列短语 Read the following phrases aloud

记住	挑水果	有意义	西方人
记生词	挑好了	没有意义	西方国家
记错了	挑完了	意义很大	西方文化
都没记住	挑一件礼物	重要的意义	几个西方朋友

2. 朗读下列句子，注意重音
Read the following sentences aloud and pay attention to the stress syllables.

(1) 不好意思，打错了。
(2) 不好意思，打扰了。
(3) 不好意思，来晚了。
(4) 好的，我记住了。
(5) 好的，我听清楚了。
(6) 好的，我学会了。

(三) 从本课生词表中选择恰当的词语填空

Fill in the blanks with the words in the vocabulary of this lesson

1. 我觉得这次比赛你______参加。
2. 他现在不在家，你要是有事儿，我可以______他。
3. 在中国，“6”是个______的数字。
4. 今天我碰到了一件______的事情。
5. 姐妹两个爱好______，姐姐喜欢游泳，妹妹喜欢唱歌。
6. 中国有一种______：早睡早起身体好。
7. 小王______病了，要是没有病，他一定会来上课的。
8. 爱米给山本______了一条短信，说她感冒了，明天不能上课请山本帮她请假。
9. 真不好意思，______你休息了。
10. 老师说写错了不要紧，可以______写。
11. 他们有一个______的爱好，那就是踢足球。
12. 我和他是老朋友，______一直非常好。
13. 安志永很______，为什么附近一个饭店也没有？
14. 路上人多，车多，骑车______要小心。
15. 我往她家里打电话，可是没有人______。
16. ______有问题，就给我打电话。
17. 你这样做，一点儿______也没有。
18. 她______了一个尾数是“8”的手机号码。
19. 我的男朋友是______师。

(四) 用下列生词组成短语

Make phrases by using the following words

1. ______展览　　2. 重新______　　3. 接______
4. 可怕的______　　5. 奇怪的______　　6. 相同的______

7. 千万________ 8. 吉利的________ 9. ________倒霉

10. 挑________

(五) 替换 Substitutions

1

我	很可能	记
他	有可能	选
爱米	大概	写
你	当然	做
小王	一定	想

我可能拨错了。

2

他的地址	记住
那些生词	记住
这种方法	学会
骑车	练会
那支歌	听会

A：他的电话号码你记住了吗？

B：我记住了。

3

上边那些字	看
他家的地址	问
他的电话号码	记
公司的规定	说
学校的情况	了解

A：开会的时间你听清楚了没有？

B：我没听清楚。

A：那本小说你借给谁了？
B：那本小说我借给山本了。

4

那张邮票	送	朋友
照相机	送	姐姐
那封信	交	爱米
照片	寄	妈妈
录音机	卖	新同学

5

那篇课文	翻译	英文
这个句子	翻译	中文
“音”	说	“英”
“清”	看	“请”
“午”字	写	“牛”字

那些美元我换成人民币了。

（六）模仿 Imitation

1. A：不好意思，打扰你学习了。
   B：没关系。

   A：不好意思，打扰你________了。
   B：________。

2. A：请问，小兰什么时候回来？
   B：她下午就出去了，说是跟老师商量摄影展览的事儿，应该快回来了。

   A：请问，________什么时候回来？
   B：他________，说是________，________。

3. A：你有什么事吗？我可以转告她。

B：她的那篇文章我已经翻译成英文了，如果有时间的话请她来拿吧。

A：你有什么事吗？我可以转告她。

B：____________，如果____________________。

4. A：您千万别忘了告诉丁老师，我等他的电话。

B：放心吧，丁老师一回来，我就告诉他。

A：您千万别忘了告诉__________，我__________。

B：放心吧，____________________。

(七) 选词填空 Fill the blanks with the words or phrases below

记　记住

1. A：要多__________生词。

   B：老师，放心吧，学过的生词我都__________了。

2. A：这么多生词，怎么__________呀？

   B：别着急，一定能__________。

3. __________，一定要按时吃药。

学　学会

1. A：你__________过太极拳吗？

   B：__________过两次，可是没__________。

2. A：你想不想__________汉语？

   B：当然想__________，可是汉语那么难，能__________吗？

3. 昨天晚上我一直__________到12点。

(八) 填上合适的结果补语

Complete the following sentences with the complement of result

1. 他用了五年时间写__________了这本书。
2. 我们学过的生词你都记____________了吗?
3. 你什么时候学__________喝酒了?
4. 打__________电视，听听新闻吧。
5. 等我到家的时候，妈妈已经做__________晚饭了。
6. 刚才我说的话你们都听__________了没有?
7. 昨天他没复习，所以老师问问题的时候他回答_______了。
8. 明天是他的生日，我要送__________他一件礼物。

(九) 改错 Correct the mistakes in the following sentences

1. 你应该不这样说。

____

2. 如果明天天气很好，所以我们要去爬山。

____

3. 同学们完全听这篇课文清楚了。

____

4. 你不要千万忘了这件事。

____

5. 他没清楚听老师的话。

____

6. 美英已经翻译这几个句子成汉语了。

____

7. 我已经记了住你说的话。

____

8. 那本书我给还图书馆了。

____

(十) 完成句子 Complete the following sentences

1. 如果有时间，______________________。
2. 如果天气不好，______________________。
3. 如果______________________，就别去上课了。
4. 如果______________________，就能学好汉语。
5. 来中国留学的时候，妈妈对我说，千万______________。

(十一) 完成会话 Complete the following dialogue

1．打电话 Make a phone call

高 桥：您好，请问，小兰__________吗？

张 云：小兰出去了，你哪位？

高 桥：我是__________。您是张老师吧？

张 云：是啊。高桥，你找小兰__________吗？

高 桥：有点儿急事儿。她什么时候能回来？

张 云：大概晚上7点左右吧。有什么事情我__________。

高 桥：请您告诉她__________。

张 云：______________是……？

高 桥：82668866。

张 云：我__________了，放心吧。

高 桥：谢谢，再见。

张 云：再见。

2．发短信 Transmit a message by mobile phone

安志永：山本，星期六晚上有足球比赛，想去看吗？

山　本：太好了，当然想去，好久没__________了。

安志永：我们一起去吧。

山　本：好。田中也一定喜欢__________。

安志永：那我给他发__________，问他去不去。

山　本：记住，要写__________比赛的时间，哪两个队比赛。

（十二）功能会话　Functional communications

1．道歉　Make a apology

A：昨天晚上在房间开晚会了吧？

B：真不好意思，是不是影响你休息了？

A：没事。不过，以后不要玩儿得太晚。

2．提醒　Remind of

A：明天是玛丽亚的生日吧？

B：是啊，我还要参加她的生日晚会呢。

A：别忘了给她准备生日礼物。

B：放心吧，不会忘的。

3．委托　Entrust

A：爱米，去哪儿？

B：我去书店。

A：麻烦你帮我买本词典行吗？

B：当然可以。

4．转告　Pass on a word

A：请问，小兰在家吗？

B：她不在家。有什么事的话，我可以转告她。

A：太谢谢您了。

5. 要求重复　Repetition is required

A：您能不能再说一下儿，我没听清楚。

B：好的，没问题。

(十三) 阅读　Reading comprehension

数字的意义

这个世界什么奇怪的事情都有。就说数字吧，相同的数字在不同的国家和地区有不同的意义。

今年有两个月的十三号正好都是星期五。几个西方朋友看了日历以后，大叫："我的天啊，多可怕的星期五啊！这天，千万要小心！"在西方，"13"是个不吉利的数字，又有"黑色星期五"的说法，如果这天不注意，就可能碰到倒霉的事情。

有个外国朋友在中国买手机，选号码时挑了一个尾数是"4"的。售货员奇怪地问他："别人都不愿意要的，你为什么喜欢？"他没听懂："这跟别人有什么关系？"售货员告诉他，中国人喜欢"8"这个数字，因为"8"的发音和"发"很像，"发"就是"发财"的意思。"4"和"死"差不多是同音，谁愿意每天用"死"这个字呢？

可是，我觉得，数字就是数字，不会因为你住在四楼就比别人早死，也不会因为你拿着个号码里有"8"的手机，就会发财，当然更不会在十三号的那个星期五就一定倒霉。

1. 根据短文连线

Link the following collocations by lines according to the passage above

这两个字	发财
吉利的	一个朋友
不会	同音
发音	数字
碰到	不同

2. 读后判断对错

Judge if the following sentences are right after reading the passage above

(1) 不同的数字在不同的国家意义不同。　( )

(2) 13 是个不好听的数字。　( )

(3) 星期五出门一定碰到倒霉的事情。　( )

(4) 如果你住在四楼就会比别人早死。　( )

(5) 你的手机号码里有“8”，也不一定会发财。　( )

(十四) 语言交际 Language communication

1. 自由表达 Free talk

谈谈你们国家哪些数字吉利，哪些数字不吉利。

Talk something about what are lucky numbers and what are not.

2. 完成任务 Fulfill the following tasks

给你的老师打个电话，邀请他（她）参加一个活动，告诉他（她）活动的时间、地点、内容。

Call your teacher to invite him / her to attend an activity and notify him/her the time, place and what is going on in the activity.

3. 写作 Writing

练习给你的朋友用汉语发一条短信。

Practice transmiting a message by mobile phone to your friend.

第8课
Lesson
8

这个商场什么都有

Everything is available in this store

一 课文 Text

(一) 在商场

(玛丽亚和爱米走进一家商场)

玛丽亚：这个商场东西真多，吃的、穿的、用的，什么都有！

爱　米：是啊，人家都到这里来买东西。

玛丽亚：这种大商场能讲价吗？

爱　米：不能。怎么？你会讨价还价了？

玛丽亚：讨价还价我还不行。上次在一家小店看好了一条牛仔裤，怎么也没砍下价来，花了不少钱，我心疼得不得了。

爱　米：你看，现在商场正打折呢，应该比较便宜。你想买什么？

玛丽亚：随便逛逛，什么又便宜又好就买什么。

（二）在商场

玛丽亚：你看这件衣服怎么样？

爱　米：早就过时了。我觉得那件米色的外套还不错。

玛丽亚：小姐，我看看那件衣服。

售货员：这种外套最适合你了，穿上试试吧。

（玛丽亚走出试衣间）

爱　米：嗯，不错，颜色很好，样子也漂亮，多少钱？

售货员：这是前两天才来的货，现在打6折，180块一件。

玛丽亚：再便宜一点儿吧。我们是学生，没有钱。

爱　米：不然，我们就不要了。

售货员：对不起，我们这儿不讲价。

爱　米：玛丽亚，你穿这件衣服真的很合适，180 块也不贵。

玛丽亚：算了，就要这件吧。

爱　米：这么漂亮的衣服，你就别脱了，穿着走吧。

（两个人高兴地往前走）

爱　米：怎么样？还满意吧？

玛丽亚：当然满意了！这么好的衣服才 180 块钱，太便宜了！

爱　米：没错儿。咱们再去别的地方逛逛。

玛丽亚：瞧，那儿的鞋全场打五折。

爱　米：走，进去看看，我想买双皮鞋。

二 常用句 Useful sentences

1. 这儿什么都有！

2. 嗯，不错。

3. 怎么样？还满意吧？

4. 当然满意了！

5. 没错儿。

三 生词 New words

1. 商场	shāngchǎng	（名）	market; shop
2. 人家	rénjia	（代）	other; another(usually refers to a person or persons other than the speaker and hearer)
3. 价	jià	（名）	price; ralue
4. 讲价	jiǎng jià		bargain
5. 讨价	tǎo jià		bargain
还价	huán jià		
6. 牛仔裤	niúzǎikù	（名）	jeans
7. 砍	kǎn	（动）	cut; cut down
8. 心疼	xīnténg	（动）	love dearly
9. 不得了	bùdéliǎo	（形）	very; extremely
10. 随便	suíbiàn	（形）	do as one pleases; casual
11. 过时	guòshí	（形）	old-fashioned; unfashionable
12. 米色	mǐsè	（名）	beige; ecru; cream-colored
13. 外套	wàitào	（名）	overcoat
14. 适合	shìhé	（动）	suit
15. 试衣间	shìyījiān	（名）	fitting room; dressing room
16. 嗯	ǹg	（叹）	interjection
17. 颜色	yánsè	（名）	colour
18. 才	cái	（副）	just; only
19. 货	huò	（名）	goods; commodity

20. 不然	bùrán	（连）	otherwise; if not
21. 合适	héshì	（形）	suitable; appropriate
22. 算了	suàn le		let it be; forget it
23. 脱	tuō	（动）	take off; cast off
24. 瞧	qiáo	（动）	look; see
25. 鞋	xié	（名）	shoes
26. 场	chǎng	（名、量）	a place where people gather; measure word (for film, match, etc.)
27. 进去	jìnqù	（动）	enter
28. 双	shuāng	（量）	measure word(pair)
29. 皮鞋	píxié	（名）	leather shoes
30. 家人	jiārén	（名）	family members
31. 深	shēn	（形）	dark (color); deep
32.声	shēng	（名、量）	sound; voice
33. 离开	lí kāi		leave
34. 吸	xī	（动）	breathe in
35.有趣	yǒuqù	（形）	interesting
36.电子	diànzǐ	（名）	electron
37.电子邮件	diànzǐ yóujiàn		E-mail
38. 突然	tūrán	（形、副）	suddenly
39. 去年	qùnián	（名）	last year
40. 暑假	shǔjià	（名）	summer vacation(holidays)
41. 心	xīn	（名）	heart; mind
42. 服装	fúzhuāng	（名）	clothing; costume

43.好看	hǎokàn	(形)	good-looking
44.网	wǎng	(名)	net; web; internet
45.吧	bā	(名)	bar
46.脚	jiǎo	(名)	feet
47.软件	ruǎnjiàn	(名)	computer software

四 语言点 Language points

(一)基本句 Basic sentence patterns

疑问代词活用(1)

Make flexible use of interrogative pronouns (1)

疑问代词除了表示疑问外，还有其他用法。其中一种是表示任指，即包括所有的，没有例外。后面一般有“也”或“都”。例如：

Interrogative pronouns are not always used to indicate interrogation. Generic reference of interrogative pronouns is one of them. It refers to all without exception and is often followed by “也” or “都”. For example:

(1) 谁都喜欢王老师。

(2) 什么东西也不想吃。

第二种表示特指，前后用两个同样的疑问代词，前一个表示任指，后一个所指的事物由前一个决定，与前一个相同。例如：

Secondly be used to refer to “a particular one”. The first of two same interrogative pronouns used in a phrase or sentence refers to generic reference and the second refers to the same thing(s) depending on that of the first. For example:

(3) 你买什么我买什么。

(4) 哪儿热闹就去哪儿。

(二)词语用法 Usages of words and phrases

1. 人家

人称代词。一般有三个意思：

人家 is a pronoun with three different entry of meaning.

其一，表示别人。例如：

Refer to other people. For example:

(1) 人家都去看电影了，你怎么没去？

(2) 人家都没迟到，只有你一个人迟到了。

其二，表示他 / 她、他们。例如：

Refer to he/she or they. For example:

(3) 人家还是个孩子，不可能说出这种话。

(4) 人家都在外边等你，快点儿吧。

其三，表示指说话人自己。常用于亲友之间。例如：

Refer to the speaker and is often used among the relatives or friends. For example:

(5) 人家等你半天了，你怎么才来？

(6) 妈妈，人家已经不是小孩子了，知道怎么做。

2. 才、就

"才"和"就"都在动词前面作状语。"才"表示事情在不久前刚刚发生。"就"表示不久将发生。例如：

"才" and "就" are both used as adverbial before a verb. "才" indicates the event happened just now, and "就" refers to the event that will happen soon. For example:

(1) 我才到中国，汉语还不行。

(2) 别着急，菜马上就好。

"才"表示事情发生得晚、慢、不容易做或者不顺利。"就"表示事情发生得早、快、容易或者顺利。例如：

"才" indicates the event that happened too late, too slow or unfavorably and "就" refers to the event that happens too early, too quickly or favorably. For example:

(3) 今天的作业太多了，我用了一个晚上才写完。

(4) 我不到六点就起床了。

"才"还可以用在数量词前边，表示说话人认为数量少、时间早、年龄小等意义。例如：

"才" can also be used before a quantifier to indicates that the speaker thinks the number is smaller, the time still earlier or the age younger. For example:

(5) 现在才四点，不用着急。

(6) 这本词典才 38 块钱，真便宜。

五 操练与交际 Practice and communication

(一) 语音 Phonetics

1．辨音辨调，注意轻声

Distinguish initials, finals and tones and pay attention to the neutral tones

shāngchǎng (商场)	jiǎng jià (讲价)
shàng chǎng (上场)	jiǎn jià (减价)
guòshí (过时)	yánsè (颜色)
guǒshí (果实)	rǎnsè (染色)
suíbiàn (随便)	suàn le (算了)
suìpiàn (碎片)	suān le (酸了)

héshì（合适）　　　　jiārén（家人）
hé shí（何时）　　　　jià rén（嫁人）

2. 多音节连读　Read the following multiple syllables in succession

diànzǐ yóujiàn（电子邮件）	máng de bùdéliǎo（忙得不得了）
diànzǐ shǒubiǎo（电子手表）	pà de bùdéliǎo（怕得不得了）
diànzǐ chǎnpǐn（电子产品）	xīnténg de bùdéliǎo（心疼得不得了）
diànzǐ jìsuànjī（电子计算机）	qīngsōng de bùdéliǎo（轻松得不得了）

shénme dōu yǒu（什么都有）	yánsè héshì（颜色合适）
shénme dōu mǎi（什么都买）	yàngzi héshì（样子合适）
shénme dōu tán（什么都谈）	jiàqian héshì（价钱合适）
shénme dōu chī（什么都吃）	dàxiǎo héshì（大小合适）

(二) 朗读　Read aloud

1. 朗读下列短语　Read the following phrases aloud

穿外套	卖货	操场	看家人
买外套	便宜货	运动场	想家人
穿一件外套	货很多	一场电影	接家人
漂亮的外套	这是外国货	一场音乐会	朋友的家人

2. 朗读下列句子，注意语调
Read the following sentences and pay attention to the tones

(1) 什么又便宜又好就买什么。
(2) 什么又好吃又新鲜就吃什么。
(3) 什么又好喝又便宜就喝什么。
(4) 什么又方便又有营养就做什么。

(5) 早就过时了。

(6) 早就卖完了。

(7) 早就睡着了。

(8) 早就准备好了。

(三) 从本课生词表中选择恰当的词语填空

Fill in the blanks with the words in the vocabulary of this lesson

1. 在中国留学的时候，遇到过很多________的事。
2. 去年________，我去了一趟西安，参观了兵马俑。
3. 别耽误时间了，________都在外边等你呢。
4. 你一定要早点儿起床，________，上课会迟到的。
5. ________，不用再说了，就这样吧。
6. 你________吃，千万不要客气。
7. 照相机摔坏了，他心疼得________。
8. 这种电视的样子早就________了，那种样子很新。
9. ________，妈妈开门走了进来。
10. 俗话说得好，一分钱一分________嘛。
11. 我看你穿这件________的外套最________。
12. 我试了一下儿，觉得这条河很________。
13. 他昨天________学校回国了。
14. 我看你不太________做这种工作。
15. 你喜欢穿什么________的衣服？
16. 听说他们是在一家________认识的。

(四) 用下列生词组成短语

Make phrases by using the following words

1. 心疼______　　2. 随便______　　3. ______深

4. 适合______　　5. ______声　　6. 颜色______

7. 离开______　　8. ______合适　　9. 吸______

10. ______不得了　　11. ______有趣　　12. ______外套

(五) 替换 Substitutions

1

我什么茶	喜欢喝
你怎么去	可以
他去哪儿	行
山本谁	没通知
那儿谁	没去过

这儿什么都有。

2

去哪儿	去哪儿
邀请谁	邀请谁
怎么去	怎么去
换多少	换多少
买几个	买几个

A：你吃什么？

B：你吃什么，我吃什么。

3

去哪儿	哪儿热闹
吃什么	什么好吃
给谁	谁要
带多少	能带多少
喝几杯	能喝几杯

A：你想买什么？

B：什么好就买什么。

4

她心疼得不得了。

喜欢
担心
高兴
寂寞
紧张

5

今天	买的鱼
上午	学的生词
上个星期	画的画儿
一个小时以前	收到的电子邮件
不久以前	组织的拉拉队

这是前两天才来的货。

6

这种外套早就过时了。

这种鞋	过时
那些水果	吃完
手续	办好
包裹	取回来
厨房	收拾干净

(六) 模仿 Imitation

1. A: 这种大商场能讲价吗？
   B: 不能。怎么？你会讨价还价了？

   A: ____________________吗？
   B: __________。怎么？____________？

2. A：你看这件衣服怎么样？

B：早就过时了。我觉得那件米色的外套还不错。

A：你看 ________ 怎么样？

B：________。我觉得 ________ 还 ________。

3. A：再便宜一点吧。不然，我们就不要了。

B：对不起，我们这儿不讲价。

A：________。不然，我们就 ________ 了。

B：对不起，________。

4. A：还满意吧？

B：当然满意了！这么好的衣服才 180 块钱，太便宜了！

A：还 ________ 吧？

B：当然 ________ 了！这么 ________ 才 ________。

5. A：瞧，那儿的鞋全场打五折。

B：走，进去看看，我想买双皮鞋。

A：瞧，________。

B：走，________。

（七）用"突然"和"忽然"填空

Fill in the blanks by using "突然" or "忽然"

1. 我 ________ 看见一个人跑了进来。

2. 木村 ________ 接到公司的电话，让他马上回国。

3. 事情太 ________ 了，我们一点儿准备都没有。

4. 你怎么________想到问这个问题?

5. 你这样去有点儿________吧，先打个电话比较好。

(八) 用“才”和“就”填空 Fill in the blanks by using “才” or “就”

1. 请等一下儿，丁老师马上________来。

2. 坐飞机一个小时________到了，坐火车十个小时________能到。

3. 老师讲了半天我________听懂。

4. 他一说我________明白了。

5. 昨天晚上我十二点半________睡觉。

6. 今天下午去了一趟医院，六点多________到家。

7. 中午下了课他________去操场踢足球了。

8. 如果你喜欢，________买吧。

(九) 改错 Correct the mistakes in the following sentences

1. 你说怎么做，我就做什么。

____

2. 他早就回国。

____

3. 什么好吃，就我们吃什么。

____

4. 他上周才回来了。

____

5. 我太累了，晚上 7 点多才睡。

____

6. 怎么你去，怎么我去。

____

7. 天太热，我哪儿不想去。

____

8. 谁也愿意参加这次比赛。

____

(十) 按要求完成会话 Complete the following dialogue according to the the word in the bracket

1. A：你想买什么？

   B：______________________________。 （什么）

2. A：你怎么去？

   B：______________________________。 （怎么）

3. A：你打算邀请谁？

   B：______________________________。 （谁）

4. A：你们去哪儿旅行？

   B：______________________________。 （哪儿）

5. A：你换多少钱？

   B：______________________________。 （多少）

(十一) 完成会话 Complete the following dialogue

1. 去买衣服 To buy clothes

   大 卫：爱米，今天下午有__________吗？

   爱 米：有时间。大卫，什么事儿？

   大 卫：我想去买件衣服，可是我不会________。你陪我去好吗？

   爱 米：好。最近，我讲价的水平又____________了。去哪儿买？

   大 卫：你说去哪儿就____________。

   爱 米：什么时候去？

   大 卫：_____________都行。

爱　米：那吃完午饭去吧。

大　卫：好，吃了饭________。

2. 买鞋　To buy shoes

安志永：美英，你看这双鞋________？

金美英：这种样子的鞋早就________。我觉得________。

安志永：服务员，我试试那双鞋。

服务员：您穿________的？

安志永：42号的。

服务员：这是42号的，您试试。

安志永：美英，怎么样？

金美英：不错。很________你，颜色也很________。

安志永：就是________。

服务员：现在我们店有活动，打________。

安志永：好吧，________。

(十二) 功能会话　Functional communications

1. 不相信　Do not believe

A：这件衣服390块钱。

B：真的？这么贵！便宜点儿吧。

A：这已经是最低价了。

B：不会吧？

2. 满意／不满意　Satisfy/ do not satisfy

A：这条牛仔裤怎么样？还满意吗？

B：不错，很合适。

A：那这双鞋呢？

B：还行。就是颜色不太好。

(十三) 阅读 Reading comprehension

不怕说错

去年暑假，我离开家人，来到中国。下了飞机，我深深地吸了一口新鲜的空气，心里说："中国，我来了。"

我很快习惯了在中国的留学生活。下课以后，我常去逛街，哪儿热闹就去哪儿，试着用汉语去买东西，去吃饭，不怕自己说错。

有一次，在一家服装店，我看好了一条牛仔裤，可是觉得有点儿贵。怎么办？我突然想起课本里的话，就说："太贵，太贵了！便宜点儿吧。"售货员看我会用汉语讨价还价，笑了，她同意了。我买到了一条又便宜又好看的裤子，心里非常高兴。

更有趣的是去一家网吧，我进门就问服务员："一个时间多少钱？""有汉语吗？"服务员没听懂，我就手脚一起用，做给她看，服务员一边笑一边点头。还好，这里有韩国语的软件，我高兴地给在韩国的朋友发了电子邮件。后来我才知道，问时间应该说"一个小时"。还有，"韩"是二声，我说成了四声的"汉"，有意思吧？

就这样，我的汉语一点一点地进步了，我越来越喜欢学习汉语，也越来越喜欢中国了。

1. 根据短文连线 Link the following collocations by lines according to the passage above

发	牛仔裤
怕	网吧
吸	电子邮件
一家	新鲜空气
一条	说错

2. 读后判断对错　Judge if the following sentences are right after reading the passage above

(1) 去年暑假我离开了韩国。 (　　)

(2) 我喜欢去热闹的地方。 (　　)

(3) 我买到了一条牛仔裤，很好看，但是有点儿贵。 (　　)

(4) 在网吧问时间应该用“一个小时”。 (　　)

(5) 我手脚一起用，服务员还是不懂我的意思。 (　　)

(十四) 语言交际　Language communication

1. 自由表达　Free talk

谈谈在中国买东西的一次经历。

Talk about your experience of doing shopping in China.

2. 完成任务　Fulfill the following tasks

去可以讲价的市场或商店买一种东西，把你们讨价还价的对话记在本子上，交给老师。

Go to a shop in which you can bargain and buy something. Record your bargaining and hand in to the teacher.

去贸易大厦怎么走

How can I get to the Trade Centre Mansion

第9课

Lesson 9

一 课文 Text

(一) 在田中的房间

田　中：你去过贸易大厦吗？

大　卫：去过，我哥哥就在那里工作。

田　中：那儿离学校不远吧？

大　卫：虽然不太远，但是要倒两次车，路上要一个多钟头。

田　中：这么麻烦。

大　卫：当然你也可以打的去。

田　中：还是坐公共汽车吧。反正我今天也没什么事儿，顺便还可以了解一下儿中国的公共交通情况。

大　卫：你先到学校门口坐 201 路公共汽车，到南京路再换地铁，在电信中心那站下车。

田　中：然后就到了吧？

大　卫：没有，还要坐一站电车或者走一段路。到了那儿你再打听一下儿吧。

田　中：好的，谢谢。

(二)在汽车站

(学校门口 201 路公共汽车站，田中和高桥在查看站牌)

高　桥：来，我们看看，到南京路坐几站？

田　中：1，2，3，4，5，6，一共 6 站。

高　桥：车来了，上车吧。

（在电信中心站）

田　中：劳驾，打听一下儿。

行　人：什么事？

田　中：我们想去贸易大厦，但是不知道怎么走。

行　人：顺着这条路一直朝前走，到第二个红绿灯往右拐，有座灰楼就是。

高　桥：要走多长时间？

行　人：五六分钟吧。

高　桥：谢谢你！

行　人：不客气。

二 常用句 Useful sentences

1. 倒两次车。
2. 到南京路坐几站？
3. 劳驾，打听一下儿。
4. 顺着这条路一直朝前走。
5. 到第二个红绿灯往右拐。

三 生词 New words

1. 贸易	màoyì	(名)	trade
2. 大厦	dàshà	(名)	large building
3. 那里	nàli	(代)	there
4. 虽然	suīrán	(连)	although
5. 倒(车)	dǎo(chē)	(动)	change; exchange
6. 钟头	zhōngtóu	(名)	hour
7. 打的	dǎ dī		take a taxi
8. 还是	háishi	(副)	after all
9. 公共	gōnggòng	(形)	public
10. 反正	fǎnzhèng	(副)	anyway
11. 交通	jiāotōng	(名)	traffic
12. 地铁	dìtiě	(名)	underground (railway); subway
13. 电信	diànxìn	(名)	telecommunications
14. 中心	zhōngxīn	(名)	center
15. 站	zhàn	(名)	station
16. 电车	diànchē	(名)	tram; trolleybus
17. 段	duàn	(量)	smeasure word (for a section of a road)
18. 打听	dǎting	(动)	ask about
19. 查	chá	(动)	check
20. 牌	pái	(名)	board; brand
21. 劳驾	láo jià		excuse me

22. 行人	xíngrén	（名）	pedestrian
23. 顺	shùn	（介、动）	along; follow, obey
24. 朝	cháo	（介、动）	towards; face
25. 红绿灯	hónglǜdēng	（名）	traffic light; traffic signal
26. 拐	guǎi	（动）	turn
27. 灰	huī	（形）	grey
28. 算	suàn	（动）	calculate; consider; regard as
29. 谈话	tán huà		talk; chat
30. 回答	huídá	（动）	answer; reply
31. 永远	yǒngyuǎn	（副）	forever
32. 夸	kuā	（动）	praise
33. 遇到	yùdào	（动）	run into
34. 传统	chuántǒng	（名）	tradition
35. 好像	hǎoxiàng	（动）	seem
36. 发烧	fā shāo		have a fever
37. 司机	sījī	（名）	driver
38. 久	jiǔ	（形）	for a long time
39. 男人	nánrén	（名）	man
40. 想法	xiǎngfa	（名）	idea
41. 女人	nǚrén	（名）	woman
42. 丈夫	zhàngfu	（名）	husband
43. 男朋友	nán péngyou		boyfriend
44. 地球	dìqiú	（名）	the earth

专 名　Proper nouns

南京路	Nánjīng Lù	name of a road

四 语言点　Language points

(一) 基本句　Basic sentence patterns

1. 虽然……，但是……

The structure of “虽然……，但是……”

连接复句的两个分句，表示转折关系。强调的重点是“但是”后边的事实。例如：

“虽然……，但是……” is used to link two clauses of a complex sentence to indicate transition. It focuses on the fact after “但是”. For example:

(1) 我虽然能听懂，但是不会说。

(2) 这双鞋虽然不错，但是有点儿贵。

2. 数量补语（1）　The complement of quantifier (1)

数量补语。比较事物间数量、程度的具体差别。例如：

The complement of quantifier is used to indicate the differences of the quantity or degree between two things. For example:

(1) 今天的气温比昨天低 2 ℃。

(2) 这种苹果比那种一斤贵 5 毛钱。

动量补语。说明动作发生或者进行的次数，由数词和动量词（次、回、趟、下、声等）组成。动态助词“了”和“过”放在动词后边。例如：

The complement of quantifier is used to indicate the times that the action happened or is conducted. It is composed of numerals or verbal quantifier like 次，回，趟，下，声 and the auxiliary verb 了 and 过 is used after the verb. For example:

(1) 我昨天去过一趟银行。

(2) 山本吃过两次糖醋鱼。

▲宾语是事物名词时，一般在补语后边，如例 (1) (2)；宾语是人称代词时，要放在补语前边，如例 (3)；宾语是人名、地名时，放在补语前后都可以，如例(4)。

When the object is a noun of a thing, the complement of quantifier is often used before the noun, as in the examples (1), (2); when the object is a pronoun, the complement of quantifier is often used after the pronoun, as in the example (3); and when the object is a proper name, the complement of quantifier can place both before or after it, as in the example (4).

(3) 要是有我的信，麻烦你告诉我一声。

(4) 今年他去过北京一回。（今年他去过一回北京。）

时量补语。表示动作延续的时间，这时动词表达的动作必须是可以持续的，如“睡、学习、玩、走、跑、病、等、想”等。例如：

The complement of measure time indicates the time the action continued and the verbs used here are generally durative verbs like “睡，学习，玩，走，跑，病，等，想” and etc. For example:

(1) 昨天我看了三个小时（的）电视。

(2) 我都等了你半天了。

▲某些动词表示瞬间结束的动作，如“毕业、结婚、死、到、离开”等，它们后面的时量补语表示从动作结束到某时所经历的时间。例如：

When the complement of measure of time is used after some of the instantaneous verbs like 毕业, 结婚, 死, 到, 离开 etc. it indicates the time undergone from the action finished. For example:

(3) 我大学毕业三年了。

(4) 他已经到这儿一个小时了。

(二) 词语用法 Usages of words and phrases

1. 还是

副词。表示行为、动作或者状态保持不变。例如：

An adverb, indicating unchangedness of a behaviour, an action, or a state. For example:

(1) 妈妈还是不同意我出国留学。

(2) 我还是没听懂你的意思。

表示对两个事物进行比较后的选择，有时句中没有表示比较的对象，但含有“这么办比较好的意思”。例如：

Indicating the choice after the camparasion of the two objects and some times there is no comparative object but there is a comparative meaning of “It is better if you do it in this way”. For example:

(3) A：喝茶还是喝咖啡？

B：还是喝茶吧。

(4) 还是去银行换吧。

2. 反正

副词。表示情况虽然不同而结果一样。例如：

An adverb, indicating the same result in any way or manner whatever. For example:

(1) 算了吧，反正去不去都一样。

(2) 他爱怎么说就怎么说，反正我不同意。

表示坚决肯定的语气。例如：

Indicating in any case; nevertheless; or regardless. For example:

(3) 你别着急，反正不是什么要紧的大事。

(4) 反正我要去书店，就顺便帮你买一本吧。

3. 朝

作动词。指人或物正对某个方向，必带宾语。例如：

"朝", a verb, indicates the direction a person or a thing facing to and is usually followed by an object. For example:

(1) 这个房间朝南。

(2) 我喜欢睡觉时头朝北。

作介词。表示动作针对的方向。例如：

"朝", a preposition, indicates the direction the action aims at. For example:

(1) 她一直朝我们笑。

(2) 从这儿一直朝东走就是北京大学。

五 操练与交际 Practice and communication

(一) 语音 Phonetics

1. 辨音辨调，注意轻声

Distinguish initials, finals and tones and pay attention to the neutral tones

màoyì (贸易)	chuántǒng (传统)
máoyī (毛衣)	chuàntōng (串通)

diànxìn (电信)
diǎnxin (点心)

dǎting (打听)
dàtīng (大厅)

xíngrén (行人)
xīnrén (新人)

zhōngxīn (中心)
zhòngxīn (重心)

láo jià (劳驾)
lǎojiā (老家)

tán huà (谈话)
tàng fà (烫发)

2. 多音节连读

Read the following multiple syllables in succession

diànxìn zhōngxīn (电信中心)
jiàoyù zhōngxīn (教育中心)
jiāoliú zhōngxīn (交流中心)
gòuwù zhōngxīn (购物中心)

màoyì dàshà (贸易大厦)
màoyì gōngsī (贸易公司)
màoyì shìchǎng (贸易市场)
màoyì huǒbàn (贸易伙伴)

gōnggòng jiāotōng (公共交通)
gōnggòng qìchē (公共汽车)
gōnggòng cèsuǒ (公共厕所)
gōnggòng wèishēng (公共卫生)

rèqíng de sījī (热情的司机)
niánqīng de sījī (年轻的司机)
yǒuqù de sījī (有趣的司机)
qíguài de sījī (奇怪的司机)

(二) 朗读 Read aloud

朗读下列短语 Read the following phrases aloud

查数	问行人	不算忙	谈谈话
查人数	行人很多	不算合适	谈一次话
查对了	看见一个行人	还算新鲜	跟他谈话
查电话号码	路上没有行人	算是大城市	不愿意谈话

(三) 从本课生词表中选择恰当的词语填空

Fill in the blanks with the words in the vocabulary of this lesson

1. 顺着这条路一直走，到前面的________往右________。
2. 你怎么才来，人家都等了你半个多________了。
3. 最近，我认识了一位年轻的出租汽车________。
4. 这个房间________南，冬天也比较暖和。
5. 他________学汉语的时间不长，但是学得很好。
6. 我看你________打的去吧，坐公共汽车太慢了。
7. 请你读一下儿第二________课文。
8. 我们看看站________，到北京路坐几站。
9. 我要________记住这件事。
10. 春节是中国最重要的________节日。
11. 我觉得________以前来过这个地方。
12. 昨天逛商场的时候________了一位多年没见的老朋友。
13. 山本向一个行人________去贸易大厦怎么走。
14. 他想顺便了解一下儿中国的________情况。
15. 我不知道应该怎么________这个问题。
16. 跟中国朋友________的时候，他们常常________我汉语说得好。

四 用下列生词组成短语

Make phrases by using the following words

1. 查______ 2. 打听______ 3. 算______
4. 回答______ 5. ______拐 6. 永远______
7. 夸______ 8. 遇到______ 9. 传统______
10. 好像______

五 替换 Substitutions

1

问	一下儿
去	一回
来	一趟
洗	一次
说	一声

你再打听一下儿吧。

2

A：要走多长时间？
B：要走一个多钟头。

写	半个小时
睡	八个钟头
学	一年半
等	二十分钟
离开	六个月

3

踢足球	踢	一个半小时
打棒球	打	两个小时
看杂志	看	五十分钟
办手续	办	十多分钟
听音乐	听	半个钟头

A：昨天你写作业写了多长时间？
B：昨天我写作业写了三个钟头。

A：昨天你写了多长时间（的）作业？
B：昨天我写了三个钟头(的)作业。

4

踢	足球	一个半小时
打	棒球	两个小时
看	杂志	五十分钟
办	手续	十多分钟
听	音乐	半个钟头

5

到中国	半年
结婚	三年
起床	半天
回国	一个星期
离开学校	一个月

A：他毕业多长时间了？
B：他毕业两年了。

(六) 模仿 Imitation

1. A：你去过贸易大厦吗？
   B：去过，我哥哥就在那里工作。

   A：你去过__________吗？
   B：去过，我__________就在那里__________。

2. A：你也可以打的去。
   B：还是坐公共汽车吧，可以顺便了解一下儿中国的公共交通情况。

   A：你也可以__________。
   B：还是__________吧，__________。

3. A：然后就到了吧？

B：没有，还要坐一站电车或者走一段路。

A：然后就__________了吧？

B：没有，还要____________________。

4. A：我们想去贸易大厦，但是不知道怎么走。

B：顺着这条路一直朝前走，到第二个红绿灯往右拐，有座灰楼就是。

A：我们想去__________，但是不知道怎么走。

B：顺着__________，到__________，__________就是。

(七) 改错 Correct the mistakes in the following sentences

1. 我每天都一趟去图书馆。

____

2. 我们见面了一次。

____

3. 我两星期病了，所以不能上课。

____

4. 我跟我的中国朋友每天一个小时练习口语。

____

5. 昨天我打网球了一个下午。

____

6. 我在公园等了一个小时他。

____

(八) 根据实际情况回答问题 Answer the following questions

1. 在中国你坐过公共汽车吗？坐过几次？

2. 你了解本市的交通情况吗？
3. 你每天都复习课文吗？每天复习多长时间？
4. 你每天写作业吗？写多长时间？
5. 你喜欢运动吗？每次运动多长时间？
6. 你跟你的中国朋友常见面吗？一周见几次？

(九) 按要求完成句子 Complete the following sentences by using the word in the bracket

1. 虽然他没专门学过画画儿，________________。(但是)
2. 这件外套虽然很漂亮，________________。(但是)
3. ________________，可是他一定要去上课。(虽然)
4. ________________，但他还是按时来到了学校。(虽然)
5. 我们去散散步吧，________________。(反正)
6. 算了吧，________________。(反正)

(十) 完成会话 Complete the following dialogue

(去中山大厦)

高　桥：田中，你去过中山大厦吗？

田　中：去过，我的朋友________________。

高　桥：那儿离________________？

田　中：虽然不太远，但是要________________。

高　桥：太麻烦了，打的去算了。

田　中：你还是________________，还可以了解一下儿中国的公共交通情况。

高　桥：好吧，反正________________。

田　中：你先坐________________，到黄河路换________________，在

__________下车。

高　桥：然后就到了吧？

田　中：对，下车以后一直朝__________，到__________往__________拐，有座__________就是。

高　桥：田中，太谢谢你了。

(十一) 功能会话　Functional communications

请求帮助　Ask for help.

1. A：劳驾，请帮我搬一下儿，好吗？
   B：好。
2. A：木村，我感冒了，有点儿发烧，能帮我请个假吗？
   B：没问题。你好好儿休息吧。

(十二) 阅读　Reading comprehension

出租车上的谈话

一天上午，我坐出租车去贸易大厦。遇到一个会说汉语的外国人，司机很高兴，一边开车，一边跟我聊天儿，还夸我汉语说得好。

他跟许多中国人一样，喜欢问问题："你是哪个国家的？""多大了？""为什么学习汉语？""你来中国多长时间了？"等等。听说我来中国已经两年多了，他看了看我："这么久了？想不想家？"我说有时候很想家。他又问："你先生也在中国吗？你们有几个孩子？"我笑了，回答说："我还没结婚呢。""你打算什么时候结婚？"我说我可能永远不结婚。他奇怪地看着我："为什么？"我知道，这是一些中国男人的传统想法，他们觉得女人就应该结婚，有孩子，照顾丈夫，不然就不算是女人。我告诉他，在我们国家，有些人不愿意结婚，但是有女朋友或者男朋友，可以住在一起，当然也可以要孩子。他更奇怪地看着我，好像我不是地球人。

贸易大厦到了，下车的时候，他对我说："你还是早点儿结婚吧。"

1. 根据短文连线

Link the following collocations by lines according to the passage above

有时候	一个外国人
早点儿	看着我
遇到	想法
传统	想家
奇怪地	结婚

2. 回答问题 Answer the following questions

(1) 司机为什么很高兴？

(2)"我"打算什么时候结婚？

(3) 司机为什么奇怪地看着"我"？

(4) 一些中国男人的传统想法是什么？

(5) 你觉得这位司机怎么样？

(十三) 语言交际 Language communication

1. 自由表达 Free talk

(1) 你在中国喜欢不喜欢坐公共汽车？为什么？

Do you like taking a bus in China? Why?

(2) 看下页图中的站牌，说出这一站、上一站和下一站是什么地方。

Tell the names of the bus stops of where you are at, the last stop and the next stop according to the stop board map at the next page.

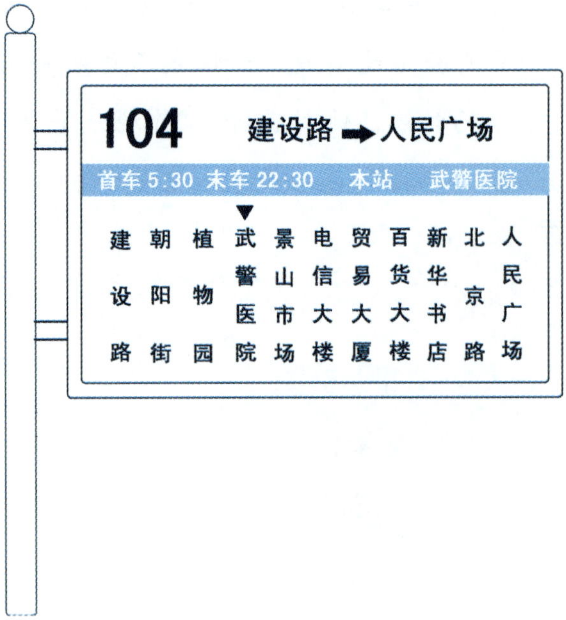

2. 完成任务 Fulfill the following tasks

坐公共汽车去一个大商场或者公园。(可以查看站牌或者问朋友)了解以下内容:

Take a bus to a big mall or a park. You may check a map or ask your friends to obtain the following information.

(1) 坐几路车?

(2) 坐几站?

(3) 始发站、终点站的名称?

(4) 首发车几点,末班车几点?

(5) 公共汽车上怎么买票,票价多少钱?

(6) 公共汽车上怎么报站名?

(7) 记录公共汽车上的常用语。

听不懂没关系

It doesn't matter if you can not understand

第10课
Lesson 10

一 课文 Text

(一) 在学校门口

(学校门口的信息板上贴出一张广告,很多人在看)

李小兰:爱米,有好消息。

爱　米:什么好消息啊,你这么高兴?

李小兰:星期五晚上有京剧演出。

爱　米:真的?我没戴眼镜,看不清,你看看,在哪儿演?

李小兰：艺术中心。50元一张票，学生半价。

爱　米：剧名叫什么？

李小兰：《花木兰》。

爱　米：像是人名，跟你一样，有个"兰"字。

李小兰：对，花木兰是中国古时候有名的女英雄。这次演花木兰的是一位优秀的青年演员，得过好几次大奖呢。

爱　米：听说京剧的历史非常悠久。

李小兰：是啊，京剧是中国的国粹，已经有二百多年的历史了。我喜欢京剧漂亮的服装、优美的音乐……

爱　米：我知道了，你是一个京剧迷！

李小兰：对，京剧听着特别有味道，我非常喜欢。

（二）在路上

（两个人一边走一边聊）

李小兰：爱米，你看过京剧吗？

爱　米：还没看过。

李小兰：要是周五晚上有空儿，我们一起去看好吗？

爱　米：可是我汉语不太好，听得懂吗？

李小兰：没关系，我给你当翻译。

爱　米：小兰，你能不能先给我唱两句听听？

李小兰：我可唱不了。你还是自己看演出吧。

爱　米：好吧，看完了，我可能也会喜欢京剧的。

李小兰：记得玛丽亚说过她也很喜欢看京剧，请她一起去吧。

爱　米：玛丽亚去旅行了，星期五回不来。

李小兰：太遗憾了。

爱　米：那咱们什么时候去买票？

李小兰：今天下午我就去买。

爱　米：辛苦你了。

李小兰：哟，该上课了，我先走了。

爱　米：再见。

二 常用句 Useful sentences

1. 学生半价。
2. 你是一个京剧迷！
3. 辛苦你了。
4. 该上课了，我先走了。

三 生 词 New words

1. 信息	xìnxī	（名）	information
2. 板	bǎn	（名）	board
3. 广告	guǎnggào	（名）	advertisement
4. 消息	xiāoxi	（名）	news
5. 京剧	jīngjù	（名）	Beijing opera
6. 演出	yǎnchū	（动）	perform; performance
7. 清	qīng	（形）	pure; clear
8. 演	yǎn	（动）	perform
9. 艺术	yìshù	（名）	art
10. 半价	bànjià	（名）	half-price
11. 剧	jù	（名）	opera; drama
12. 英雄	yīngxióng	（名）	hero
13. 优秀	yōuxiù	（形）	outstanding; excellent
14. 青年	qīngnián	（名）	young people
15. 演员	yǎnyuán	（名）	performer; actor or actress
16. 好	hǎo	（副）	enumerous
17. 奖	jiǎng	（名、动）	reward; prize; give a reward
18. 悠久	yōujiǔ	（形）	long;age-old
19. 国粹	guócuì	（名）	the quintessence of a country
20. 迷	mí	（名）	fan

21. 了	liǎo	（动）	end; finish(used in the pattern "V + 得/不 + 了"to indicate that the desired result of the verb can/cannot be achieved or to indicate (im) possibility
22. 自己	zìjǐ	（代）	oneself
23. 辛苦	xīnkǔ	（形、动）	hard; trouble
24. 哟	yō	（叹）	express surprised(oh)
25. 该	gāi	（助动）	ought to; be sb.'s turn to do sth.
26. 皇帝	huángdì	（名）	emperor
27. 代表	dàibiǎo	（动）	on behalf of; representative
28. 表演	biǎoyǎn	（动）	perform; play
29. 喜爱	xǐ'ài	（动）	like; be fond of
30. 性格	xìnggé	（名）	character
31. 戏剧	xìjù	（名）	drama; play
32. 结束	jiéshù	（动）	finish
33. 各	gè	（代）	each
34. 结合	jiéhé	（动）	combine
35. 形成	xíngchéng	（动）	form
36. 形式	xíngshì	（名）	form
37. 身份	shēnfèn	（名）	identity
38. 年龄	niánlíng	（名）	age
39. 角色	juésè	（名）	role

40. 歌剧	gējù	（名）	opera
41. 受	shòu	（动）	receive; suffer
42. 世纪	shìjì	（名）	century
43. 剧院	jùyuàn	（名）	theatre

专 名 Proper nouns

1. 花木兰	Huā Mùlán	Hua Mulan (name of a woman warrior)
2. 清朝	Qīng Cháo	Qing Dynasty

四 语言点 Language points

(一) 基本句 Basic sentence patterns

可能补语（1） The complement of possibility（1）

表示动作的结果或者趋向有没有实现的可能性。The complement of possibility indicates the possibility whether an action can get a result.

结构1：由"得/不+结果补语/趋向补语"构成，其中"得"表示肯定，"不"表示否定。例如：

The structure is composed of "得/不+the complement of possiblity/the complement of transition event" and "得" indicates the positive and "不" indicates negative. For example:

（1）他说得那么快，我听不懂。

（2）教室里已经坐满了人，进不去了。

（3）他今天回得来吗？

（4）这篇课文你看得懂看不懂？

结构 2：由“得 / 不 + 了（liǎo）”构成。主要用于口语。表示某种动作或变化有没有实现的可能。例如：

The complement of possibility is composed of “得 / 不 + 了” is mainly used in oral Chinese. The complement of possibility indicates the possibility whether an action or change can be realized. For example:

（1）今天晚上我有事，去不了。

（2）这篇文章不难，我翻译得了。

“了”表示“完”、“掉”等结果意义，即能不能全部完成。例如：

“了” means “完，掉” which indicates whether an action or an event can be fulfilled totally or completely. For example:

（3）菜太多了，吃不了。

（4）用不了这么多钱。

（二）词语用法 Usages of words and phrases

1. 自己

代词。复指前面的名词或者代词。例如：

“自己”, a pronoun, refers to the noun or pronoun before it. For example:

（1）门自己开了。

（2）你千万要照顾好自己。

2. 该

助动词。表示应该。例如：

“该”, an auxiliary verb, means ought to or be supposed to. For example:

（1）该说的一定要说。

（2）你不该这样做。

表示估计情况应该这样。例如：

An auxiliary verb, used to express probability or expectation. For example:

(3) 两年没见了，这孩子该有1米多高了吧？

动词。表示应该是；轮到。后常加“了”。例如：

Verb, “该” means be on one's turn and is often followed by “了”. For example:

(1) 我介绍完了，该你了。

(2) 下面该小王表演了。

3. 各

代词。表示不止一个。例如：

A pronoun used to mean more than one. For example:

(1) 各位先生、各位女士晚上好！

(2) 她打算用一年的时间到中国各地去旅游。

表示不止一个并且彼此不同。例如：

Used to mean more than one and they are different from each other. For example:

(3) 晚会结束以后各人回各人的家。

(4) 旅行用的各种东西都准备好了。

五 操练与交际 Practice and communication

(一) 语音 Phonetics

1. 辨音辨调 Distinguish initals, finals and tones

xìnxī（信息）	jīngjù（京剧）
xìnxīn（信心）	jǐngjù（警句）
yǎnchū（演出）	xìjù（戏剧）
yǎnzhū（眼珠）	xǐjù（喜剧）

shēnfèn（身份） bù tóng（不同）
shēngfen（生分） pǔtōng（普通）

xíngchéng（形成） jùyuàn（剧院）
xīn chéng（心诚） zhù yuàn（住院）

2. 多音节连读 Read the following multiple syllables in succession

yǎnchū jīngjù（演出京剧） xuésheng bànjià（学生半价）
yǎnchū gējù（演出歌剧） jiàoshī bànjià（教师半价）
yǎnchū huàjù（演出话剧） lǎorén bànjià（老人半价）
yǎnchū zájì（演出杂技） értóng bànjià（儿童半价）

láodòng yīngxióng（劳动英雄） běn shìjì（本世纪）
rénmín yīngxióng（人民英雄） shàng shìjì（上世纪）
mínzú yīngxióng（民族英雄） shíjiǔ shìjì（十九世纪）
zhàndòu yīngxióng（战斗英雄） èrshíyī shìjì（二十一世纪）

（二）朗读 Read aloud

1. 朗读下列短语 Read the following phrases aloud

半价	当演员	当皇帝	两个角色
高价	女演员	清朝的皇帝	不同的角色
讲价	青年演员	年轻的皇帝	重要的角色
讨价还价	优秀演员	庆祝皇帝的生日	演一个小角色

2. 朗读下列句子，注意语调
Read the following sentences and pay attention to the tones

(1) 你看看，在哪儿演？
(2) 你看看，在哪儿辅导？

(3) 你看看，在哪儿考试？

(4) 你看看，在哪儿比赛？

(5) 我可唱不了。

(6) 我可讲不了。

(7) 我可翻译不了。

(8) 我可研究不了。

（三）从本课生词表中选择恰当的词语填空

Fill in the blanks with the words in the vocabulary of this lesson

1. 在剧中，他______一位年轻的皇帝。
2. 听山本说，爱米病了______几天了。
3. 我出来的时间太长了，______回去了。
4. 他是中国古时候有名的民族______。
5. 暑假的时候，我想到中国______地去旅游。
6. 他非常想看意大利的______。
7. 晚会______的时候，大家都说玩儿得很高兴。
8. 我们______全班同学来看你，希望你早日恢复健康。
9. 他每天白天工作，晚上住在医院照顾妈妈，非常______。
10. 现在，电视里的______太多，没完没了。
11. 她演了一个非常重要的______。
12. 要是有时间，今天晚上一起去看京剧______吧。
13. 告诉你一个好______，这次比赛我们班第一。
14. 在学校，小兰是一个非常______的学生。
15. 丁文十分______打篮球。
16. 他用手机给我发了条短______，告诉我票已经买到了。
17. 中国是一个历史______的国家。

（四）用下列生词组成短语

Make phrases by using the following words

1. ______广告	2. ______消息	3. 演出______
4. 优秀______	5. ______奖	6. 代表______
7. 表演______	8. 喜爱______	9. ______悠久
10. 性格______		

（五）替换 Substitutions

1

听得懂	没学过汉语	听不懂
写得完	太忙了	写不完
记得住	年龄大了	记不住
回得去	没买到机票	回不去
上得去	没有力气	上不去

A：你看得清吗？

B：我没戴眼镜，看不清。

2

A：京剧你听得懂听不懂？

B：我听得懂。

今天的作业	写得完	写不完
这篇课文	学得会	学不会
这些衣服	洗得干净	洗不干净
这么多人	出得来	出不来
这山	爬得上去	爬不上去

3

4 盘饺子	吃
10 瓶啤酒	喝
这么多东西	拿
10000 块钱	用

A:这么多菜？吃得了吗？

B:吃不了。

我可唱不了。你还是自己看演出吧。

4

写	写那封信
办	办这件事
表演	表演那个节目
翻译	翻译那篇文章
辅导	辅导那个学生

（六）模仿 Imitation

1. A：你看，是什么广告？
   B：好消息。星期五晚上有京剧演出。

   A：你看，是____________？
   B：好消息。____________有____________。

2. A：你看看，在哪儿演？
   B：艺术中心。50元一张票，学生半价。

   A：你看看，____________？
   B：____________。____________一张票，____________半价。

3. A：我汉语不太好，听得懂吗？
   B：没关系，我给你当翻译。

   A：我____________，____________吗？
   B：没关系，____________。

4. A：该上课了，我先走了。
   B：再见。

   A：该____________了，我____________。
   B：____________。

（七）改错 Correct the mistakes in the following sentences

1. 突然停电了，什么都不看见了。

____

2. 我没听得懂老师的话。

____

3. 我吃这么多西红柿炒鸡蛋不了。

____

4. 这件衣服你洗得干净洗得不干净。

____

5. 广告上的字你看得见不见？

____

6. 他病了，明天上课不了。

____

7. 你说得太快了，我不能听得懂。

____

8. 因为买不到火车票，今天我回得不去了。

____

9. 他看得不懂这篇课文。

____

（八）连词成句 Make sentences by linking the following words

1. 得　这本　看　英文　他　小说　懂

____

2. 这个　做　你　练习　了　该

____

3. 办　三天　得　这件　完　不　完　事　办

____

4. 喝　得　啤酒　吗　你　三瓶　了

____

5. 上去　山　的　我　这么　爬　不　高

____

(九) 用可能补语完成下列句子

Complete the following sentences with the complement of possibility

1. 这篇课文生词太多，我看________________。
2. 声音这么小，我听________________。
3. 离得这么远，你看________________？
4. 这么多作业，一个小时写________________？
5. 我忘了带钥匙（yàoshi），进________________。
6. 年龄大了，很多事情记________________。
7. 你点的菜太多了，吃________________。
8. 对不起，我今天有事儿，去________________。

(十) 完成会话　Complete the following dialogue

谈京剧　Talk about Beijing Opera

李小兰：玛丽亚，看过京剧吗？

玛丽亚：看过一次。

李小兰：____________吗？

玛丽亚：看得懂，可是听__________。

李小兰：有意思吗？

玛丽亚：虽然听不懂，但是我觉得很________，音乐__________。

李小兰：是啊，服装也_____________。

玛丽亚：小兰，你喜欢不喜欢看京剧？

李小兰：京剧是传统的_____________，是中国的___________，我非常喜欢看。对了，星期五晚上艺术中心有__________，你想不想去看？

玛丽亚：真的？____________？

李小兰：《花木兰》。听说演花木兰的那位演员______________。

玛丽亚：那我一定去看。可是我_____________，怎么办？

李小兰：没关系，我________________。

玛丽亚：小兰，谢谢你。

李小兰：别客气了。一会儿我就去_____________。

玛丽亚：小兰，最好买前边的票，在前边看______，听______。

李小兰：放心吧。

（十一）功能会话 Functional communications

1. 感谢 Thanks

A：票我已经买回来了。

B：真不知道怎么感谢你才好。

A：你太客气了。

2. 告别 Bid farewell to

A：时间还早，再坐一会儿吧。

B：不坐了，我该走了。明天还有事儿。

A：欢迎你有时间常来，慢走。

B：别送了，请回吧。

（十二）阅读 Reading Comprehension

京剧

“什么最能代表中国？”一说到这个问题，很多人都会想到京剧。

大约在二百多年前，为了庆祝清朝的皇帝80岁生日，很多地方的戏剧表演团都来到了北京。一些演员在表演结束后，就留在了北京。他们把各种不同的戏剧结合在一起，慢慢形成了后来的“京剧”。京剧有唱、念、做、打等多种表演形式，按性格、身份、年龄分成不同的角色，这些都跟西方的歌剧不一样。

二百多年来，京剧一直受到中国人民的喜爱。二十世纪以后，中国跟外国的文化交流越来越多，很多外国人也知道了京剧。

京剧是中国的国粹。很多外国人到中国一定要看一场京剧，就像到了意大利一定要去听歌剧一样，虽然听不懂，但可以了解一下儿这种表演艺术。如果没有时间专门去剧院听，你可以到公园去，那里每天都有人在咿咿呀呀（yīyīyāyā）地唱京剧，你在那儿可能还会见到学唱京剧的外国人呢！

1. 根据短文连线

Link the following collocations by lines according to the passage above

代表	京剧
一场	皇帝的生日
受到	不同的角色
分成	大家的喜爱
庆祝	中国

2. 回答问题 Answer the following questions

(1) 二百多年前，为什么很多地方的戏剧表演团都来到了北京?

(2) 京剧是怎么形成的?

(3) 京剧跟西方的歌剧一样吗?

(4) 为什么很多外国人到中国一定要看一场京剧?

(5) 你可以去什么地方看京剧?

(十三) 语言交际 Language communication

1. 自由表达 Free talk

谈谈你对京剧了解多少。

Tell the teacher how much you know about Beijing Opera.

2. 完成任务 Fulfill the following tasks

询问一个中国人喜欢不喜欢看京剧，为什么？请你记录下来。

Interview a Chinese and ask him / her if he / she likes Beijing Opera. Why? And record it.

3. 写作 Writing

练习写一张广告。

Practice writing an advertisement.

自 测 题

Evaluation paper

一、给下列词语搭配合适的词 Collocate the following words.（1×10=10 分）

1. 互相______　　2. ______消息　　3. 表演______　　4. 积极______

5. 耽误______　　6. 少数______　　7. 游览______　　8. 专门______

9. 奇怪的______　　10. 检查______

二、选择正确位置 Put the words in the brackets to the appropriate place.（1×10=10 分）

1. 你们 A 应该 B 每天 C 来 D 上课。　　按时
2. 我们 A 是按 B 老师的 C 要求 D 做的。　　完全
3. 昨天，他们打 A 排球 B 打 C 两个小时 D。　　了
4. 老师 A 一来 B 我们 C 开始 D 上课了。　　就
5. A 他 B 昨天晚上 C 十二点 D 回家。　　才
6. A 你别 B 吃得 C 太多 D。　　一下子
7. A 我 B 看 C 坐出租汽车 D 去吧。　　还是
8. A 接了 B 一个电话后，C 小王 D 回家了。　　连忙
9. A 回国以后，B 不要 C 忘了给我 D 打个电话 。　　千万
10. A 从这儿 B 坐飞机 C 到上海 D 一个小时。　　要

三、选择正确答案 Choose the best answers of the following sentences（1×15=15 分）

1. 没想到他汉语说________这么流利。

A. 了　　B. 的　　C. 地　　D. 得

2. 我觉得这件衣服挺合适________。

A. 了　　B. 的　　C. 地　　D. 得

3. 我们已经学了________几百个生词了。

A. 多　　B. 好　　C. 很　　D. 要

4. 信息板上的广告你________？

A. 看得清不清　　B. 看得清看不清

C. 看得清看得不清　　D. 看不清看得清

5. 他离开家________，我一直没有他的消息。

A. 以后　　B. 后来　　C. 去年　　D. 马上

6. 已经 11 点多了，你该睡觉________。

A. 过　　B. 的　　C. 马上　　D. 了

7. 哥哥的听力________弟弟。

A. 比　　B. 不如　　C. 没有　　D 一样

8. 快点儿吧，________就迟到了。

A. 不然　　B. 然后　　C. 正好　　D. 大约

9. 这房子确实不错，________有点儿远。

A. 好像　　B. 再说　　C. 如果　　D. 只是

10. 这件事太________了，我一点儿都没想到。

A. 适合　　B. 可能　　C. 忽然　　D. 突然

11. 我已经去过一________邮局了。

A. 遍　　B. 趟　　C. 下儿　　D. 一下子

12. 这是我________给你买的生日礼物。

A. 专门　　B. 讨价还价　　C. 送　　D. 打折

13. 他病得很________。

A. 要紧　　B. 着急　　C. 担心　　D. 厉害

14. 你今天去________明天去都行。

A. 还是　　B. 或者　　C. 然后　　D. 了

15. 这条牛仔裤不错，可是不________我。

A. 合适　　B. 正好　　C. 适合　　D. 喜欢

四、给下列句子填上合适的量词 Complete the following sentences with appropriate measure words.（1 × 10=10 分）

1. 在那家商场买了一______皮鞋，又好看又便宜。
2. 下周，我要去一______北京。
3. 我第一次去那______网吧的时候，汉语还不太好。
4. 今天是朋友的生日，我给她发了一______电子邮件，祝她生日快乐！
5. 昨天晚上我们看了一______足球比赛。
6. 刚来中国的时候，我一______汉语也不会说。
7. 这______时间你太辛苦了，该好好儿休息休息了。
8. 这种药每天吃两次，每次吃两______。
9. 周末朋友们在一起聊聊天儿，吃______饭，很有意思。
10. 在中国“6”是一______吉利的数字。

五、把下列词语连成语序正确的句子 Make correct sentences by linking the following words.（1×5=5 分）

1. 歌儿　得　中文　他　不错　唱

____

2. 给　照片　寄　爸爸　回去　大卫　了

____

3. 往　就　一直　是　邮局　前走

____

4. 什么　你　吃　吃　什么　想　就

____

5. 人家　半天　已经　了　你　等

____

六、判断对错（错的请改正） Judge if the following sentences are right. If not, correct them.（1 × 10=10 分）

（　　）1. 我听得不懂课文的录音。

（　　）2. 他感冒了，什么都不能吃得了。

（　　）3. 我是跟爱米一起去的餐厅吃饭。

（　　）4. 他一趟去过长城。

（　　）5. 她说汉语说很流利。

（　　）6. 他已经走了进教室。

（　　）7. 东西他已经送回去家了。

（　　）8. 你的电话号码我已经记住了。

（　　）9. 我什么地方也想去。

（　　）10. 山本读课文了半个小时。

七、按要求改写句子 Rewrite the following sentences based on the word in the bracket（2×5=10 分）

1. 这个房间比那个房间舒适。（不如）

____

2. 我们班同学都喜欢她。（谁）

____

3. 你换 500 美元，我也换 500 美元。（多少）

____

4. 昨天爱米陪我去银行了。（是……的）

____

5. 没想到这件事非常麻烦。（够……的）

____

八、按要求完成句子 Complete the following sentences by using the word in the bracket.（2×10=20分）

1. 我很想参加，________________________，很遗憾。（不过）
2. 我对中国的生活________________________。（越来越……）
3. ________________________，他都在图书馆看书。（从……到……）
4. 到了那儿，你________________________。（千万）
5. 我去过那儿，________________________。（离）
6. 他病了，________________________。（什么）
7. ________________________，就在家好好儿休息吧。（如果）
8. 虽然汉语很难学，________________________。（但是）
9. 我今天有事儿，________________________。（再说）
10. 体育运动我都喜欢，________________________。（比如）

九、书面表达，选择一个题目 Choose a topic and write a composition about 120 words（10分）

1. 我的留学生活　My life Studying Abroad
2. 我的一次旅行　My Trip

要求：120字左右；表达通顺；汉字正确；无语法错误。

You have to express yourself smoothly, clearly and coherently. You should try your best to write correct without mistakes in characters or in grammar.

生词总表 Vocabulary

A

按时	ànshí	時間どおりに	제때에	вовремя	5

B

吧	bā	バー	방	звукоподражание	8
摆	bǎi	並べる	놓다	ставит	2
板	bǎn	ボード	판	доска	10
半价	bànjià	半額	반값	полцены	10
半天	bàntiān	半日、長い時間	한참 동안	половина дня	6
棒球	bàngqiú	野球	야구	бейсбол	4
包裹	bāoguǒ	小包	소포	пакет	6
报名	bào míng	申し込む	신청하다	записываться	4
背	bēi	背負う	짊어지다	нести на спине	4
比如	bǐrú	例える	예컨대	например	4
毕业	bì yè	卒業する	졸업하다	окончить	1
便饭	biànfàn	軽食	일반 식사	домашный обед	2
表示	biǎoshì	表れる	나타나다	выражать	2
表演	biǎoyǎn	出演（する）	공연하다	исполнять	10
别的	biéde	ほかの	다른	другой	7
别人	biérén	ほかの人	다른 사람	другой	2

冰灯	bīngdēng	氷ぢょうちん	얼음등	ледяные фонари	5
兵马俑	bīngmǎyǒng	兵馬俑	병마용	терракотовые статуи воинов и ко ней	5
病人	bìngrén	患者	환자	больной	3
拨	bō	ダイヤルする	돌리다	набрать	7
不过	búguò	ただし	그런데	но	1
不得了	bùdéliǎo	大変である	아주 심각하다	очень	8
不久	bùjiǔ	間もなく	곧	скоро	2
不然	bùrán	そうでないと	그렇지 않다	иначе, если не	8
不如	bùrú	～に及ばない	…만 못하다	быть хуже	1
不同	bù tóng	～と違う	…과 다르다	разный	7

C

才	cái	わずかに、だけ	겨우	только	8
菜单	càidān	メニュー	메뉴	меню	2
参观	cānguān	見物（する）	참관하다	посещать	5
厕所	cèsuǒ	トイレ	변소	туалет	3
查	chá	調べる	찾아보다	проверять	9
场	chǎng	場所、上演回 数を数える単位	장	счетное слово	8
超重	chāozhòng	重量を超える	중량 초과하다	перегрузки	6
朝	cháo	～へ向かって	…으로 향하다	к	9
炒	chǎo	炒める	볶다	жарить	2
成	chéng	完成する；仕上げる	되다	стать	7
城市	chéngshì	都市	도시	город	5
重新	chóngxīn	もう一度	다시	снова	7
出差	chū chāi	出張する	출장가다	конмандировка	1
出去	chūqù	出かける	외출하다	выйти	7

厨房	chúfáng	キッチン	부엌	кухня	2
传统	chuántǒng	伝統	전통	традиция	9
窗口	chuāngkǒu	窓口	창문	окно	6
磁带	cídài	テープ	테이프	магнитная лента	6
从……到……	cóng……dào……	～から～まで	…부터…까지	с… до	6

D

打的	dǎ dī	タクシーに乗る	택시를 타다	взять такси	9
打扰	dǎrǎo	お邪魔をする	방해하다	тревожить	7
打听	dǎting	尋ねる	물어보다	спросить	9
打折	dǎ zhé	値引きする	할인하다	скидка	5
大厦	dàshà	ビル	빌딩	здание	9
大厅	dàtīng	ホール	대청	зал	1
大自然	dàzìrán	大自然	대자연	природа	4
待	dāi	滞在する	머무르다	оставаться	1
大夫	dàifu	医者	의사	врач	3
代表	dàibiǎo	代表（する）	대표하다	представлять	10
担心	dānxīn	心配する	걱정하다	беспокоиться	3
耽误	dānwu	遅らせる	지체하다	отложить	3
倒	dǎo	倒れる	넘어지다	упасть	6
倒(车)	dǎo	乗り換える	갈아타다	пересаживаться	9
倒霉	dǎoméi	運が悪い	재수가 없다	несчастье	7
得	de	程度や状態を表す補語を導く	동사나 형용사의 뒤에 쓰(보어)	модификатор	3
……的话	…dehuà	～ということなら	…하다면	если	7
登	dēng	登る	올라가다	подниматься	4
地球	dìqiú	地球	지구	земля	9

地区	dìqū	地域	지역	место	7
地铁	dìtiě	地下鉄	지하철	метро	9
地址	dìzhǐ	住所	주소	адрес	5
店	diàn	店	가게	магазин	4
电车	diànchē	電車	전차	троллейбус	9
电信	diànxìn	電気通信	전신	телекоммуникация	9
电子	diànzǐ	電子	전자	электрона	8
电子邮件	diànzǐ yóujiàn	Eメール	이메일	электронная почта	8
掉	diào	落ちる	떨어지다	ронять	6
顶	dǐng	てっぺん	꼭대기	вершина	4
定	dìng	決める	정하다	решение	4
肚子	dùzi	お腹	배	живот	3
短信（息）	duǎnxìn(xī)	（携帯電話で伝える）メール	휴대폰 메시지	краткая информация	7
段	duàn	一定の距離や時間を表す単位	부분	часть	9
对	duì	～に対して	…에게(개사)	для	1
队	duì	チーム	팀	ряды	4
顿	dùn	食事などの回数を数える単位	끼	прием пищи	2

F

发	fā	送る；発送する	보내다	отправить	7
发财	fā cái	金持ちになる	돈을 벌다	обогатиться	7
发烧	fā shāo	熱が出る	열이 나다	высокая температура	9
反正	fǎnzhèng	どうせ	어쨌든	в любом случае	9
方式	fāngshì	方式	방식	метод	2

放假	fang jià	休みになる	방학하다	распускать на каникулы	5
飞机	fēijī	飛行機	비행기	аэропорт	5
费	fèi	費用；料金	비용	расходы	3
分	fēn	分ける	나누다	отделять	1
丰富	fēngfù	豊かである	풍부하다	богатый	4
封	fēng	封入されたものを数える単位	통	для писем	6
服用	fúyòng	(薬を) 飲む	복용하다	принимать	3
服装	fúzhuāng	服装	복장	одежда	8
父亲	fùqin	ちち；お父さん	부친	отец	7

G

该	gā	～はずだ	…해야 한다	должно	10
盖儿	gàir	ふた	뚜껑	крышка	6
干杯	gān bēi	乾杯する	건배하다	выпить до дна	2
歌剧	gējù	オペラ	오페라	опера	10
各	gè	各；それぞれの	각각	каждый	10
公共	gōnggòng	公共の；公的な	공공의	бщественность	9
公司	gōngsī	会社	회사	компания	1
恭喜	gōngxǐ	おめでとう	축하하다	поздравить	1
够	gòu	ずいぶん；足りる	충분하다	хватать	4
古	gǔ	古い	오래되다	древний	5
古都	gǔdū	古都	고도	древняя столица	5
古迹	gǔjì	旧跡	고적	памятные места	5
挂	guà	申し込み手続きを取る	등록하다	записать	3
挂号	guà hào	受付 (登録) する	병원에 접수하다	записаться	3
拐	guǎi	曲がる	돌다	повернуть	9

关系	guānxì	関係	관계	отношение	7
关照	guānzhào	よろしく	돌보다	заботиться	1
光	guāng	なにも残ってない	조금도 남지 않다	дочисто	2
光临	guānglín	いらっしゃる；ご光臨	왕림	присутствовать	2
广告	guǎnggào	広告	광고	реклама	10
国粹	guócuì	国粋	국수	национальный дух	10
过	guo	過去を表す(～した)	동사 뒤에 놓여 과거의 경험을 나타냄	сюда	2
过来	guòlái	やって来る	다가오다	идти сюда	6
过时	guòshí	流行遅れになっている	유행이 지나다	устаревший	8

H

还是	háishi	やはり; 相変わらず	여전히	в конце концов	9
海鲜	hǎixiān	海産物	해산물	морепродукты	3
寒假	hánjià	冬休み	겨울 방학	земные каникулы	5
汉字	Hànzì	漢字	한자	китайский иероглиф	2
好	hǎo	数量の多いことを表す	많이	отлично	10
好好儿	hǎohāor	ちゃんとしている	잘	нормально	3
好看	hǎokàn	きれいである	보기 좋다	красивый	8
好像	hǎoxiàng	まるで～のようだ	…같다	показаться	9
好	hào	よくなる	좋아하다	нравиться	3
好客	hàokè	客好きである	손님접대에 열정적이다	гостеприимчный	2

合适	héshì	ちょうどいい	적당하다	подходящий	8
红绿灯	hónglǜdēng	交通信号灯	신호등	светофор	9
后来	hòulái	その後	후에	потом	4
忽然	hūrán	突然；急に	갑자기	вдруг	6
壶	hú	つぼ	주전자	чайник	2
互相	hùxiāng	お互いに	서로	взаимно	5
花鸟	huāniǎo	花鳥	꽃과 새	цветы и птицы	4
化验	huàyàn	化学検査する	화학 검사하다	анализировать	3
画法	huàfǎ	絵の書き方	화법	техника живописи	4
坏	huài	壊れている	고장나다	плохой	6
环境	huánjìng	環境	환경	окружающая среда	2
皇帝	huángdì	皇帝	황제	император	10
黄金周	huáng jīnzhōu	ゴールデン・ウィーク	노동절 휴일하고 국경절 휴일	золотая неделя	5
灰	huī	グレー	회색의	серый	9
回答	huídá	答える	대답하다	ответить	9
婚礼	hūnlǐ	結婚式	혼례	свадебная церемония	4
火车	huǒchē	列車	기차	поезд	5
或者	huòzhě	あるいは；または	혹은	или	2
货	huò	商品	상품	товар	8

鸡蛋	jīdàn	卵	계란	яйцо	2
积极	jījí	積極的な	적극적이다	активный	4
吉利	jílì	縁起がいい	길하다	счачтье	7
……极了	…jí le	とても	극히	очень	3
记	jì	メモを取る；覚える	외우다	запомнить	7

记得	jìde	覚えている	기억하다	запомнить	2
寂寞	jìmò	寂しい	고독하다	скучный	6
加	jiā	加える	더하다	плюс	4
加油	jiā yóu	頑張る	힘을내다	заправлять	4
夹	jiā	挟む	집다	зажимать	2
家常	jiācháng	日常生活の	가정의 일상 생활	домашний	2
家人	jiārén	家族	집안 사람	член семьи	8
假	jià	休暇	휴가	отпуск	5
检查	jiǎnchá	診察を受ける	검사하다	проверять	3
减肥	jiǎn féi	ダイエットする	살을 빼다	похудение	2
建议	jiànyì	提案(する)	건의하다	предложить	1
讲价	jiǎng jià	値段を交渉する	값을 홍정하다	торговаться	8
奖	jiǎng	奨励(する)	장려하다	награждать	10
交通	jiāotōng	交通	교통	транспорт	9
郊游	jiāoyóu	ピクニック	들놀이하다	прогулять за городом	4
脚	jiǎo	足	발	ступня	8
接	jiē	(電話に)出る	받다	близиться	7
接待	jiēdài	接待する	접대하다	принимать	1
结果	jiéguǒ	結果	결과	результат	3
结合	jiéhé	結合する	결합하다	соединить	10
结婚	jié hūn	結婚している	결혼하다	жениться	1
结束	jiéshù	終わる	끝나다	конец	10
介绍	jièshào	紹介する	소개하다	знакомить	4
进去	jìnqù	入っていく	들어가다	войти	8
进修	jìnxiū	研修する	연수하다	усовершенствоваться	1
京剧	jīngjù	京劇	경극	пекинская опера	10
久	jiǔ	(時間が)長い	오래다	длительный	9
举行	jǔxíng	行う	개최하다	устроить	4
句	jù	言葉を数える単位	구	фраза	1
剧	jù	劇	극	опера	10

剧院	jùyuàn	劇場	극장	театр	10
决定	juédìng	決定（する）	결정하다	решение	1
角色	juésè	役	배역	роль	10

K

卡拉OK	kǎlā-OK	カラオケ	가라오케	Кала Окай	4
开玩笑	kāi wánxiào	冗談を言う	농담하다	шутка	6
砍	kǎn	切る	깎다	сократить	8
看来	kànlái	見たところ～のようだ	보아하니	на взгляд	3
考	kǎo	受ける	시험 보다	экзаменовать	4
考试	kǎoshì	試験（する）	시험	экзамен	1
科	kē	課	과	отделение	3
可口	kěkǒu	口に合っている	맛있다	вкусный	2
可怜	kělián	かわいそうである	불쌍하다	жалкий	3
可能	kěnéng	可能である；かもしれない	가능하다；아마도	может быть	7
可怕	kěpà	こわい	무섭다	ужасный	7
渴	kě	(喉が) 乾いている	갈증나다	жаждый	6
客人	kèren	客	손님	гость	2
课间	kèjiān	授業と授業の合間	수업과 수업 사이	перерыв	1
口福	kǒufú	ごちそうにありつく運	먹을 복	полакомиться	6
夸	kuā	ほめる	칭찬하다	хвастать	9

L

拉	lā	（下痢を）する	싸다	тащить	3

拉拉队	lālāduì	応援団	응원단	болельщики	4
劳驾	láo jià	すみませんが…	죄송합니다	извините за беспокойство	9
离开	lí kāi	離れる	떠나다	уйти	8
理想	lǐxiǎng	理想、理想的である	이상	идеалы	4
力气	lìqi	力	힘	физическая сила	3
厉害	lìhai	すごい	대단하다	ужасный	3
连忙	liánmáng	急いで、慌てて	얼른	оперативно	1
脸色	liǎnsè	顔つき	안색	вид	3
凉	liáng	涼しい	선선하다	холодный	3
了	liǎo	終わる；済む	완결하다	разрешать	10
另	lìng	ほかの；別に	다른	другой	6
流利	liúlì	流暢である	유창하다	гладкий	1
留	liú	取っておく	남겨 두다	остать	5
留学	liú xué	留学する	유학하다	обучения за рубежом	1
录音	lùyīn	録音する	녹음	запись звука	1
路上	lùshang	途中	노상	по дороге	5
旅行社	lǚxíngshè	旅行会社	여행사	туристское агенство	5

M

麻婆豆腐	mápó dòufǔ	(料理)マーボドウフ	(중국 요리) 마파두부	горячая и пикантная фасоль творог	2
马上	mǎshàng	すぐ	곧	сразу	2
嘛	ma	当然という気持ちを表す	뚜렷한 사실을 강조할 때 쓰임	же	5
满意	mǎnyì	満足である	만족하다	удовлетворять	1
贸易	màoyì	貿易	무역	торговля	9

迷	mí	ファン	팬	любитель	10
米色	mǐsè	ベージュ	미색	бежевый	8
面包	miànbāo	パン	빵	хлеб	4
民族	mínzú	民族	민족	народ	5
名胜	míngshèng	名所	명승	достопримечательность	5

N

拿手	náshǒu	得意である	뛰어나다	быть мастером	4
那里	nàli	どこ	그곳	там	9
男朋友	nán péngyou	ボーイフレンド	남자 친구	друг	9
男人	nánrén	男の人	남자	мужской пол	9
难看	nánkàn	顔色が悪い	흉하다	бледный	3
内科	nèikē	内科	내과	терапия	3
嗯	ǹg	肯定・承諾などを表す	응	м-гм	8
年龄	niánlíng	年齢	연령	возраст	10
牛仔裤	niúzǎikù	ジーンズ、ジーパン	청바지	джинси	8
女朋友	nǚ péngyou	ガールフレンド	여자 친구	подруг	1
女人	nǚrén	女の人	여자	женский пол	9
女士	nǚshì	女性に対する一般的な敬称	여사	дама	2

O

哦	ò	そうかという気持ちを表す	아(납득, 이해를 나타냄)	ах	3

P

牌	pái	バス停の立札	간판	торговая марка	9
派	pài	派遣する	파견하다	послать	1
盘儿	pánr	大きな皿；皿に盛ったものを数える単位	반	тарелка	2
盘子	pánzi	大きな皿	접시	тарелка	2
碰	pèng	（人や事件に）出会う	부닥뜨리다	встретить	7
皮鞋	píxié	革靴	구두	обувь	8
片	piàn	偏平な形をしているものを数える単位（錠）	알	счетноеслово	3
票	piào	チケット	표	билет	5
品尝	pǐncháng	味をみる	맛보다	пробовать	6
乒乓球	pīngpāngqiú	卓球；ピンポン	핑퐁	настольный теннис	4
平信	píngxìn	普通郵便	보통 우편	простой письмо	6

Q

齐	qí	そろっている	완전하게 되다	вместе	2
其中	qízhōng	そのうち；その中	그 중	среди	4
奇怪	qíguài	不思議に感ずる；おかしいと思う	이상하다	необычный	7
起	qǐ	起きる	일어나다	поднять	1
起来	qǐlái	立ち上がる	일어서다	встать	6
千万	qiānwàn	ぜひとも	제발	должен	7
前年	qiánnián	一昨年	재작년	позапрошлый год	1
瞧	qiáo	見る	보다	смотреть	8

青年	qīngnián	青年	청년	молодеж	10
轻	qīng	軽い	정도가 작다	легкий	3
轻松	qīngsōng	気楽である	가뿐하다	легкий	5
清	qīng	はっきりしている	똑똑하다	чистый	10
去年	qùnián	去年	작년	прошлый год	8
全部	quánbù	全部	전부	все	5

R

人家	rénjia	ほかの人	다른 사람	другой	8
日历	rìlì	カレンダー	일력	календарь	7
如果	rúguǒ	もし～ならば	만약	если	7
软件	ruǎnjiàn	ソフトウィア	소프트웨어	программное; обеспечение	8

S

伞	sǎn	傘	우산	зонтик	6
嗓子	sǎngzi	喉	목	горло	3
色	sè	色	색	цвет	7
山水	shānshuǐ	山水画	산수	пейзаж	4
商场	shāngchǎng	デパート	백화점	магазин	8
少数	shǎoshù	少数	소수	меньшинство	5
摄影	shèyǐng	撮影する	사진 찍다	принимать фотографии	7
身份	shēnfèn	身分	신분	личность	10
深	shēn	深い	깊다	глубокой	8
声	shēng	声；音	소리	звук	8
师范	shīfàn	師範	사범	педагог	4

石	shí	石	돌	камень	5
世纪	shìjì	世紀	세기	век	10
世界	shìjiè	世界	세계	мир	1
事情	shìqing	用事	일	дело	7
试	shì	試みる	해보다	пытаться	6
试衣间	shìyījiān	更衣室	탈의실	примерочная	8
适合	shìhé	似合う	어울리다	подходить	8
手机	shǒujī	携帯電話	휴대폰	мобильный телефон	7
手续	shǒuxù	手続き	수속	порядок	1
首都	shǒudū	首都	수도	столица	5
受	shòu	受ける	받다	испытывать	10
售	shòu	売る	팔다	продавать	5
售货员	shòuhuò yuán	店員	판매원	продавец	7
售票员	shòupiào yuán	切符を売る	매표원	кассир	5
书包	shūbāo	かばん	책가방	сумка	4
舒适	shūshì	快適である	편안하다	удобный	2
暑假	shǔjià	夏休み	여름 방학	летние каникулы	8
数字	shùzì	数字	숫자	число	7
摔	shuāi	倒れる、転ぶ	자빠지다	упасть	6
双	shuāng	対になっているものを数える単位	켤레	пара	8
顺	shùn	～に沿う	…에 따라서	вдоль	9
顺便	shùnbiàn	ついでに	…하는 김에	попутно	6
说法	shuōfa	意見	표현	взгляд	7
司机	sījī	運転手	운전사	шофер	9
死	sǐ	死んでいる；死ぬ	죽다	смерть	2
松	sōng	松の木	소나무	сосна	5
俗话	súhuà	ことわざ	속담	поговорка	5

酸	suān	酸っぱい	시다	кислый	2
算	suàn	認める；見なす	…인 셈이다	считать	9
算了	suàn le	やめにする	됐다	ладно	8
虽然	suīrán	～けれども	…이지만…	хотя	9
随便	suíbiàn	随意である；気軽である	마음대로	случайный	8

T

太极拳	tàijíquán	太極拳	태극권	тайцзицюань	1
太太	tàitai	奥さん	부인	жена	1
谈话	tán huà	話をする	이야기하다	беседа	9
糖醋鱼	tángcùyú	(料理) 甘酢あんかけの魚	(중국요리)탕초물고기	рыба в кисло-сладком соусе	2
趟	tàng	回数を表す単位	번	раз	3
讨价	tǎo jià	値段を掛け合う	흥정하다	торговаться	8
还价	huán jià				
特色	tèsè	特色	특색	характеристика	2
提	tí	手に提げる	들다	нести	6
替	tì	～のかわりに	대신하다	вместо	4
天哪	tiān na	驚きの気持ちを表す	(감탄사)맙소사	боже мой	2
天堂	tiāntáng	楽園	천당	рай	5
添	tiān	なくなった	더하다	увеличить	2
甜	tián	甘い	달다	сладкий	2
挑	tiāo	選ぶ	선택하다	выбрать	7
贴	tiē	貼る	붙이다	наклейть	6
厅	tīng	ホール	청	зал	1
挺	tǐng	とても、かなり	매우	очень	2
通知	tōngzhī	通知（する）	통지하다	извещение	4

同	tóng	同じである	같다	одинаковый	7
同伴儿	tóngbànr	仲間；連れ	동반자	компаньон	5
突然	tūrán	突然に	갑자기	вдруг	8
团	tuán	団体	단	группа	5
脱	tuō	脱ぐ	벗다	снять	8

W

外国	wàiguó	外国	외국	иностранное государство	7
外套	wàitào	コート	외투	пальто	8
完全	wánquán	完全である	완전하다	совсем	6
网	wǎng	ネット	인터넷	интернет	8
望	wàng	眺める	조망하다	всматриваться	4
尾数	wěishù	最後の数字	끝자리수	остаток на счету	7
文章	wénzhāng	文章	문장	статья	7

X

西红柿	xīhóngshì	トマト	토마토	помидор	2
吸	xī	吸う	들이쉬다	вдохнуть	8
希望	xīwàng	希望（する）	희망하다	надежда	2
洗澡	xǐ zǎo	入浴する	목욕하다	принимать душу	1
喜爱	xǐ'ài	好きである	좋아하다	любить	10
戏剧	xìjù	劇	연극	драма	10
相同	xiāngtóng	同じである	똑같다	одинаковый	7
相信	xiāngxìn	信じる	믿다	верить	5
箱子	xiāngzi	箱	상자	ящик	6
想法	xiǎngfa	考え	생각	мнение	9

想念	xiǎngniàn	懐かしむ	그리워하다	скучать	6
消化	xiāohuà	消化する	소화하다	пищеварение	3
消息	xiāoxi	情報	소식	новость	10
小伙子	xiǎohuǒzi	若い男	총각	молодеж	6
小心	xiǎoxīn	注意（用心）する	조심하다	осторожно	6
笑	xiào	笑う	웃다	смеется	3
鞋	xié	靴	신발	обувь	8
心	xīn	心；気持ち	마음	сердце	8
心情	xīnqíng	気持ち；気分	기분	настроение	3
心疼	xīnténg	惜しみ	아까워하다	олеть душой	8
辛苦	xīnkǔ	苦労する	힘들다	тяжелый	10
新闻	xīnwén	ニュース	뉴스	новость	1
新鲜	xīnxiān	新鮮な	신선하다	свежий	3
信	xìn	手紙	편지	письмо	6
信封	xìnfēng	封筒	편지 봉투	конверт	6
信息	xìnxī	お知らせ	소식	информация	10
行人	xíngrén	道を行く人	행인	пешеход	9
形成	xíngchéng	形成する；～になる	형성하다	формировать	10
形式	xíngshì	形式	형식	форма	10
姓名	xìngmíng	名前	성명	имя и фамилия	5
性格	xìnggé	性格	성격	характер	10
修	xiū	直す	수리하다	ремонтировать	6
许多	xǔduō	多い	대단히 많은	много	4
选	xuǎn	選ぶ	선택하다	выбрать	5

Y

亚健康	yàjiànkāng	健康でない状態	서브헬스	второстепенное здоровье	3

颜色	yánsè	色	색	цвет	8
演	yǎn	演じる	연기하다	выступить	10
演出	yǎnchū	上演する	공연하다	выступить	10
演员	yǎnyuán	俳優；役者	배우	актер	10
要紧	yàojǐn	大切である	중요하다	важный	3
野餐	yěcān	(ピクニックなど)野外での会食	야외 식사	пикник	4
一会儿	yíhuìr	しばらく	잠깐	коротное время	2
一见钟情	yí jiàn zhōngqíng	一目ぼれをする	첫눈에 반하다	влюбиться с первого взгляда	6
一块儿	yíkuàir	一緒に	함께	вместе	5
一下	yíxià	ちょっと～する	좀	однажды	1
一下子	yíxiàzi	一気に	한꺼번에	один раз	3
医学	yīxué	医学	의학	медицинские науки	3
遗憾	yíhàn	残念である	유감스럽다	неприятный	4
艺术	yìshù	芸術	예술	искусство	10
意见	yìjiàn	意見	의견	мнение	4
意义	yìyì	意義	의미	смысл	7
音	yīn	音	음	звук	7
饮料	yǐnliào	飲み物	음료	напиток	6
应该	yīnggāi	～はずだ	마땅히…해야 한다	должны	7
英雄	yīngxióng	ヒーロー	영웅	герой	10
营养	yíngyǎng	栄養	영양	питательный	2
哟	yō	軽い驚きを表す	야	ой	10
永远	yǒngyuǎn	永遠に	영원히	всегда	9
优美	yōuměi	優美である	우미하다	красивый	5
优先	yōuxiān	優先(する)	우선	преимущество	2
优秀	yōuxiù	優秀である	우수하다	отличный	10
悠久	yōujiǔ	悠久である	유구하다	долгий	10
邮局	yóujú	郵便局	우체구	почта	6

邮票	yóupiào	切手	우표	марка	6
游览	yóulǎn	遊覧する	유람하다	путешествовать	5
有趣	yǒuqù	面白い	재미있다	интересный	8
愉快	yúkuài	愉快である	기쁘다	приятная	1
遇到	yù dào	出会う	만나다	встретиться	9
原来	yuánlái	もとの	원래	оригинальный	1
原因	yuányīn	原因	원인	причина	3
越来越……	yuè lái yuè……	ますます～だ	점점	чем … тем	5

Z

杂志	zázhì	雑誌	잡지	журнал	6
再说	zàishuō	それに；あとにする	그리고 또한	к тому же	4
咱们	zánmen	私たち	우리	мы	1
展览	zhǎnlǎn	展覧（する）	전시하다	выставка	7
站	zhàn	立つ；駅（バス停）	서다；역	встать; стоянка	6,9
丈夫	zhàngfu	夫；主人	남편	муж	9
着急	zháojí	苛立つ；焦る	조급하다	беспокоиться	3
照顾	zhàogù	気を配る；世話をする	돌보다	помогать	5
照相机	zhàoxiàngjī	カメラ	카메라	фотокамера	6
这里	zhèli	ここ	여기	здесь	1
针	zhēn	針	바늘	игол	3
证件	zhèngjiàn	証明書類	증면서	документ	6
只是	zhǐshì	ただ；ただし	그런데	только	3
纸	zhǐ	紙	종이	бумага	6
中心	zhōngxīn	中心	중심	центр	9

终于	zhōngyú	ついに；とうとう	드디어	наконец	5
钟头	zhōngtóu	時間	시간	час	9
竹子	zhúzi	竹	(식물)대	бамбук	4
主人	zhǔrén	(客人に対する)主人	주인	хозяйство	2
主食	zhǔshí	主食	주식	основной продукт	2
注意	zhùyì	注意する	주의하다	уделять внимание	3
著名	zhùmíng	有名な	유명하다	известный	5
专门	zhuānmén	わざわざ	전문적이다	специально	4
转告	zhuǎngào	伝える	전달하다	передать	7
字	zì	字	글자	слово	7
自己	zìjǐ	自分	자기	сам	10
组织	zǔzhī	組織する	조직하다	организовать	4
醉	zuì	酔っ払う	취하다	пьяный	2
做客	zuò kè	客になる	손님이 되다	быть гостем	2

专名 Proper nouns

A

安志永	Ān Zhìyǒng	（人名）安志永	안지영	Ань Чжи Юн (имя и фамилия)	2

B

百威	Bǎiwēi	（米国ビール）バドワイザー	백위(맥주 이름)	Budweiser (пиво)	2

C

长城	Chángchéng	万里の長城	만리장성	Великая Стена	5

D

东京	Dōngjīng	（地名・日本の首都）東京	동경	Токио	1

F

法国	Fǎguó	（国名）フランス	프랑스	Франция	1

G

故宫	Gùgōng	（建国後清明朝の皇宮に対する称呼）故宫	고궁	Запретный город	5

H

杭州	Hángzhōu	（地名・浙江省の省都）杭州	항주	Ханчжоу	5
花木兰	Huā Mùlán	（人名）花木蘭	화목란	Мулан	10
黄海路	Huánghǎi Lù	（大通りの名）黄海路	황해로	Желтое море (название дороги)	5
黄山	Huáng Shān	（山名）黄山	황산	Гора Хуаншань	5

L

李书文	Lǐ Shūwén	（人名）李書文	이서문	Ли ШуВэнь (имя и фамилия)	7

M

木村	Mùcūn	（人名）木村	목촌	имя	1

N

南京	Nánjīng	（地名・江蘇省の省都）南京	남경	Нанькин	5

南京路	Nánjīng Lù	（大通りの名）南京路	남경로	название дороги	9

Q

青岛	Qīngdǎo	青島（ビールの名）	청도(맥주 이름)	Циндао пиво	2
清朝	Qīngcháo	（中国の王朝）清朝	청왕조	Династия Цин	10

S

上海	Shànghǎi	（地名・直轄市）上海	상해	Шанхай	5
十一	Shí-Yī	国慶節	10월1일(국경일)	первая ноябрь	5
苏州	Sūzhōu	（地名・江蘇省の都市）	소주	Сучжоу	5

T

天安门	Tiān'ānmén	天安門	천안문	Тяньаньмэнь	5

X

西安	Xī'ān	（地名・山西省の省都）西安	서안	Сиань	5
西方	Xīfāng	西洋	서쪽	страны Западной Европы и США	7
西湖	Xī Hú	西湖	서호	озеро сиху	5

Y

颐和园	Yíhé Yuán	(皇宮園林)頤和園	이화원	Летний сад	5
云南	Yúnnán	(省名)雲南省	운남성	Юньнань	5

Z

中央美术学院	Zhōngyāng Měishù Xuéyuàn	中央美術学院	중앙미술대학	центральный институт изобразительного искусства	4